会社を伸ばす社長の心得と法則

株式会社フリーウェイジャパン 代表取締役
井上達也
Tatsuya Inoue

明日香出版社

はじめに

いなくなっちゃうんですよ。みんな。
テレビやマスコミで、ちやほやされていた有名社長たち。
「1000円札を拾うな」と言ってた人も、「ロケットで宇宙に行く」って言ってた人も
……いなくなっちゃった。

当たり前の話ですが、会社経営って人気投票じゃないんですよ。スポーツの世界と同様に実力の世界なんです。たとえ社長に素晴らしいスター性があっても他社との戦いに勝てなかったら、忘れ去られる非情な世界。それが会社経営なんです。

おっと、ところで私はいったい誰かと言いますと、フリーウェイジャパンという会社の社長をしている井上達也と申します。
フリーウェイジャパンは私が29歳で起業し、創業30年目になるクラウドシステムの会社です。今ではユーザーが36万社を超える国内最大のクラウドメーカーに成長しました。

こう書くと、成功した創業社長のように聞こえるかもしれませんが、まったくそんなことはありません。

前著を読んで頂いた方には既出の話ですが、起業してから5年間は、ダイレクトメールを送る度に、コンビニで嫌がられながらも9時間チラシをコピーし続け、マンションに戻ってからは指紋がなくなるまでチラシの三つ折りをしていました。

ついにはダイレクトメールを送る切手代がなくなったので、3年間毎日、原付バイクで交通量の少ない午前1時からチラシを配り続けました。そこまでやっても全然売れないのです。

月末には資金繰りで夜も眠れず胃潰瘍にもなりました。

本書には、私が起業した頃から今に至る会社の成長過程でわかった「会社経営の仕方」が書かれています。

私は社員がひとりもいない会社の社長から、年商4000億円を超える会社の社長まで、本当に数多くの方と会ってきました。そしてさまざまな社長たちからたくさんのビジネスの知恵を教えて頂きました。

僭越ながら、失敗事例も含め、社長として成功するための話をさせて頂きたいと思います。

株式会社フリーウエイジャパン　代表取締役　井上 達也

第2章 成功する社長の法則

第3章 改めて経営について考える

第4章 「商品の売り方」の心得

○カバーデザイン　萩原 弦一郎（256）

第１章

勘違い社長が会社をダメにする

社長の間違いは誰も指摘してくれない

社長の常識は世間の非常識

年商が100億円に近い会社の20周年パーティでの出来事です。いつもお世話になっているお得意様が多数来場され、会場は熱気に包まれています。ご列席の方々のスピーチも終わり、そろそろ乾杯のあいさつかなと思ったとき、突然社長が立ち上がりました。「皆さん、ここにいるのは私の母親です。母に自分が立派になった姿を見せられて大変嬉しく思います」と話しだしました。

会場は大きな拍手に包まれて社長はご満悦です。しかし、来場者は拍手こそしているもののの表情は呆れ顔です。このパーティの主役は社長でもなければそのお母さんでもなく、お得意様なのです。

私は今までこうしたバカげた常識知らずの社長たちをたくさん見てきました。

平社員は課長から、課長は部長から「常識」を教わってきます。しかし社長には、常識を教えてくれる人がいません。だから社長がおかしなことを言っても、常識外れなことをしても、誰も社長には言わないのです。

取引先はもちろん、会社の社員さえも社長に常識を教えてくれません。そのため社長の常識はどんどん世の中の常識からズレていってしまうのです。

社員からバカにされている社長、取引先から失笑をかっている社長、そんな悲しい社長たちを私はたくさん知っています。残念ながら社長の常識は世間の非常識なのです。

社長という役職は大儲けできるかもしれないけれど、破産して貧乏のどん底に落ちるかもしれないという「ノルカソルカ」の役職です。

常識を持った人はそんなギャンブルには手を出しませんよね。

常識がないから社長なのです。ゆえに社長は変わった人が多いのです。

社内の異性に手をつけない

ある会社でシステムを開発したときのことです。

担当の女性は美人で素直。性格もいい方でした。

「あの人いいですねぇ」と他の社員に告げると、「井上さん、あの子に手を出しちゃダメですよ。あの子は社長の女みたいです」。

言われてみれば確かに思い当たるところがあります。打ち合わせのときにその女性が朝、遅刻をしてきたことがありました。そして5分遅れて社長も遅刻してやってきました。普通、遅刻してきたりすると誰かがツッコミを入れたりしますが、誰も何も喋りません。あーなるほどそういうことかと思いました。

社員によると、その女性は社長からの評価が高く、昇給も賞与も高い。他の社員がその女性が困るようなことや仕事にケチをつけると、社長の機嫌が悪くなるそうです。だから皆、その女性がミスしても文句を言うことはありませんし、本当のことを言うこともやめました。社長に筒抜けになったら困るからです。

実際は、社員も本当にその方が社長の女なのかどうかは知らないそうですが、なんとなく怪しげな雰囲気でわかるそうです。

社長は自分の会社の中に女を作ってはいけません。作るなら外で作るべきです。外で作ってマンションを借りてあげたり、毎月お金をあげればいいのです。手近なところで手をつけると会社が伸びなくなってしまいます。誰も本当のことを言えないぎくしゃくした会社になります。社員は社長に不信感をいだきます。社長にそんなつもりはなくても、社員はその女性が贔屓されていると思うのです。もし社内の女性とつき合うことになった場合、即座にその女性に転職してもらってください。

俺は細心の注意を払って隠せているから大丈夫だ。

いやいや、バレていないと思っているのは社長だけですよ。

お金の払い方で人間性が暴露される

通常業務ではない仕事。例えばパーティや祝賀会というのは、社長の品性や人格が問われる場所です。一世一代の大舞台と言ってもいいでしょう。そんな重要なときに非常識をさらけ出してしまう社長もいます。

ある社長から創立30周年パーティの案内状が届きました。会場も都内有数の有名なホテルです。しかし案内状を読んでがっかりです。「なお本パーティはおひとり1万円の会費制となっております。ご祝儀などのお心遣いは固く辞退させて頂きます」。会費制なんだから、ご祝儀辞退って当たり前だろうと私は思いました。

自社の素晴らしさをアピールする絶好の機会である創立パーティを会費制にしてしまっただけで、自分がドケチ社長であることを取引先すべてに知られてしまいました。勉強会やセミナー後の懇親会ならともかく、会社が主催するパーティでお得意様をお招きする場合には1円でもお金を頂いてはいけません。いつもお世話になっている方々への恩返しの場だからです。

もしお金がないなら、そもそもそんなことをやらなければいいのです。パーティでは主役は誰かということを考えて行動しなければなりません。

自社でパーティを開く場合、招待状にお心遣いは辞退させて頂きますと書いてあっても、ご祝儀を持ってこられる来場者もいます。こういうご祝儀はケースバイケースになります。受け取らないと失礼に当たることもあるからです。そのときは素直にありがとうございますと受け取っていいと思います。もちろん、どの方から頂いたかは必ず記載し、後日お礼状を送りましょう。

逆にパーティへ呼ばれた場合には、お花を贈るのがいいと思います。先方の担当者に連絡してお花を贈りたい旨を伝えます。会場によっては花屋が決まっている場合もありますし、搬入時間が厳格な場合もあります。値段は３万円から５万円程度です。とはいえ起業したてや、会社が小さいときには無理してお花を贈る必要はありません。

呑み代は広告宣伝費

社員が100人以上いる会社の社長から「新事業を立ち上げたいので意見を聞かせて欲しい」と言われたので、その会社へ行きました。会議室には私と同様に集められた社長たちが数人いて、みんなで意見を出し合うことに。打ち合わせは順調に終わり、みんなで呑みに行くことになりました。2時間ほどして宴会は終了。

するとみんなを集めた社長が言いました。

「じゃあみんな3000円ずつの割り勘で」

みんなは口をあんぐりです。忙しい中、その社長のために貴重な時間を使ってわざわざその社長の会社までやってきたのです。その人たちから、たかだか数千円のお金を巻き上げようなんてドケチにもほどがあります。

私は年間200日以上呑みに行きますが、私の会社まできてくれた人と呑みに行くときは絶対にお金を払わせません。私の会社にくるための時間はもちろん、交通費もあります。さらに情報も仕入れられるのです。そんな人からお金をもらうわけにはいきません。

例えば居酒屋で２００日、５０００円ずつ誰かに奢ったとしましょう。１年間でたったの１００万円です。１００万円で２００人から「社長は気前がいいなぁ」「ありがとうございます」と思ってもらえるチャンスなんです。これを割り勘なんかにしたら、すべて台なしです。「この社長はケチだなぁ」という悪い評判が広がってしまいます。

税務上は別として、呑み代というのは会議費でもなく交際費でもない。広告宣伝費なのです。

「今度くるときは、社長が喜びそうな情報を持ってきてあげよう！」と思う人がいるかもしれません。「あの社長はいい人だよ！」と周りの人に宣伝してくれる人がいるかもしれません。

割り勘にして「あの社長はケチなんだよな。一緒に事業やってもおいしいところだけもっていかれそうで怖い」「いい情報教えたって、ありがとうで終わりだよ」そんな風に思われてしまったら最悪ですよね。

逆に、目上の方と呑む場合や接待を受ける場合もあると思います。

特にルールがあるわけではありませんが、私は自分から誘った場合、目上の方でも「私がお誘いしたので私に払わせてください」と言って支払います。

接待されている場合には、相手のメンツを考えて「ごちそうさまでした」と言って奢ってもらいます。先方に出向いたり、お店を予約してもらっていた場合には、その社長のメンツを立てなければなりません。しゃしゃり出て私が払いますよというのは下品だと思います。

親しい間柄の場合には、先に「1軒目は私が持ちます。2軒目はお願いします」と先に話しておくといいでしょう。

いずれにせよ社長同士での呑み会なら、呑み代は出すか出してもらうかのどちらしかないということです。

社員ならともかく社長なんですから、呑み代の支払いのときに、「私が払います」「いやいや私が払います」といった見苦しいやり取りや、割り勘でみんなのお金を集めるような下品な行動はやめましょう。あなたの品格を下げてしまいます。

ビジネスに服装の個性はいらない

社長だからといって、何も高い服を着なければならないということではありません。重要なのはバランスです。普通の服に普通の時計、普通のビジネスバッグでいいのです。変に個性を出そうとすればするほど、奇妙な人に見られてしまいます。個性的な服を着たければ、プライベートでいくらでも着ればいいのです。ビジネスの現場で奇妙な服を着ることで、まとまる商談がまとまらなくなってしまうかもしれません。

もちろん職業によっても「普通」は異なります。服装や身につけるものは商売によって異なるからです。デザイナーなら腕や首にアクセサリーをつけているのがむしろ普通のような気がしますし、医師が白衣を着ていても変じゃありませんよね。

あるファッションデザイナーから「ファッションって自分の好き嫌いではなく、相手から好まれるような服装をすればいいのです。自分の好き嫌いは考えないで、みんなから素敵だと言われるような服装をしたらいいと思います」と言われました。

実は私自身ファッションセンスがまったくありません。私はファッションなんて考えるのも面倒なので、まったく同じスーツを山ほど持ってます。ゆえに周りからは井上さんって、もしかしてスーツは1着しか持っていないと思われているかもしれません（笑）。

冠婚葬祭は普通にやる

成功した社長の親父さんの葬儀に行ったときの話です。社長の親父さんといっても別に創業者というわけではなかったので行く必要はなかったのですが、成り行きで「お別れの会」というものに出席することになりました。

葬儀場に着き、まずはお焼香をさせてくださいと言うと、「井上さん、今日は通夜ではなくお別れ会なのでお焼香はありません。線香をあげてください」と言われました。何か変だなぁと感じながらお線香をあげました。その後、続々と取引先や銀行の人たちがやってきます。しかしなかなかお坊さんがきません。なのでいつはじまるのですかと聞くと、「これで終わりです。通夜ではないので通夜ぶるまいもありません。お坊さんも呼んでいませんとのこと。

葬儀社の方からは「今回は通夜ぶるまいがないので簡単なお食事代わりのものを用意し

ました」と言われ、会葬御礼とその「お食事代わりのもの」を頂戴しました。葬儀場をあとにして帰宅し葬儀場で頂いた「お食事代わりのもの」を開けてみると、そこには小さな缶ビールと黒と白のかりん糖が入っていました。

あなたもたくさんの結婚式や葬儀に参列されたことと思います。ここで質問です。あなたの記憶に残っている結婚式や葬儀はどんなものだったでしょうか。えっ覚えていないですか。ならば、それはきちんとした「いい冠婚葬祭」だったのだと思います。

本書を読んでいる方の中には、これから結婚されるベンチャー企業の社長もいるかと思います。逆に親父さんが高齢になった社長もいることと思います。冠婚葬祭で一番重要なことは「普通にやること」です。人の記憶に残ってしまうような変な冠婚葬祭をしてはいけません。

私が未だに記憶している冠婚葬祭は、普通ではないひどい冠婚葬祭ばかりです。料理はほとんどないのに高額な会費制結婚式、クリスマスやゴールデンウイーク、会場が軽井沢といったような参列者の都合を考えていない結婚式、大学の校旗を後輩たちが振り回す異様な光景の葬儀。

冠婚葬祭での失敗は一生言われ続けてしまいます。くれぐれも誰の記憶にも残らない「普通の冠婚葬祭」をして頂きたいと思います。

ビジネスはあなた自身の姿

利用したらサヨウナラ

ある創業社長はアイデアマン。新しい事業を思いつくと、当社とアライアンスを組みませんか、一緒に儲けましょうと事業に関するスペシャリストたちを集めて何回もミーティングを重ね、アイデアを練っていきます。

さまざまな障害を乗り越えて新事業はスタートするのですが、その頃には最初に集められたスペシャリストたちは、ほとんどがいなくなっています。なぜなら社長にとってアライアンスというのは仮の姿。ノウハウや情報を無料で集めて、一番安くそれをやってくれる人を集めたいだけなのです。だから社長は、この人はコストが高いなと思うと、アライアンスをしている会社でも事業から外してしまいます。

スペシャリストたちは皆口々にハシゴを外された、情報だけ取られた、面倒な仕事をさせられて1円にもならなかったと不満顔です。しかし社長はそれを少しも悪いと思っていません。一番安くできる方法を選んでいったら、結局彼らはいらなくなっただけだと考えているのです。

その後、事業はどうなるかというと結局失敗します。

上っ面な知識や情報だけで判断して事業がうまくいくほど、ビジネスは簡単ではありません。業界にずっといた人だけが持つ、暗黙知や隠れている情報や人脈などが必ずあるのです。

では、どうすればよかったのか。

アライアンスした会社やスペシャリストたちを切らなければよかったのです。1円でも多くお金を自分のものにしたい、一番安い人に頼みたいと思うことが間違いなのです。もし安い業者に頼みたいなら、自身でビジネスをすべて考えて下請け先を探せばいいのです。

最初に集めたスペシャリストやアライアンス先とビジネスを行うと、利益は少なくなるかもしれません。その代わりにノウハウや情報や人脈を、自分のものとして使うことができるのです。結果的に新規ビジネスは成功する確率が高まるのです。

株式相場の格言の一つに「頭と尻尾はくれてやれ」というものがあります。全部を自分だけのものにしようとするから失敗するのです。

こういうことを繰り返していると増えていくのは恨みだけです。商売というのは恨まれるまで行ってはいけません。恨みを持つ人は必ず仕返しをしようとします。あなたのビジネスがうまくいけばいくほど、それを失敗させようという強い恨みになっていくのです。恨みはプライスレスです。いくらお金がかかっても、あなたを失敗させようと思う人もいるのです。

私が若い頃、ある社長から言われたのが「ビジネスは、たらいの中の水のようなものだ。お前はたらいの中の水を全部取ろうと手ですくうけれど、指の隙間からどんどん水がこぼれていってしまう。ビジネスを成功させるには、たらいの水を全部向こう側に流してしまうんだ。全部持っていけーってってね。そうするとたらいの水は跳ね返ってこっちに戻ってくるんだ」。今もこの言葉は私の胸に残っています。

ちんけな商売が会社の将来を危うくする

ある会社から1通のメールが届きました。

「当社でプロデュースした本が今回発売されます。つきましては出版記念パーティーにご出席頂きたく存じます。一般の方は1万円、企業の協賛金は3万円にて2名までご参加頂けます。また貴社のアピールタイムとして、3分間のスピーチとサイトへのバナー広告をさせて頂きます」という内容でした。

なんのことはない出版記念パーティを利用した小手先営業です。来場者は1万円を払って本とは関係ない企業の宣伝を延々と聞かされ、企業は来場者の目的とは関係ないプレゼンを行い、儲かるかどうかもわからないパーティにお金を払うわけです。企画した会社としては、本の宣伝もできて、パーティの参加者からも企業からもお金をもらえる三毛作のビジネスだと思ったんでしょうね。

世の中には思いつきだけで小銭稼ぎをしようとする会社があります。そこには責任感も戦略もなく継続性もない。単純に少しのお金を儲けたいだけの子供のアルバイトのような商売です。細かいお金を集めたって大きいお金にはなりません。何よりもこういうセコイ商売をやればやるほど、周りの人からバカにされてしまいます。

これを聞いて笑っている人もいるかと思いますが、こういう思いつきや短絡的な視点しかないビジネスを作ってしまう社長は意外に多くいるのです。会社が行うことはすべてが本気のビジネスでなければなりません。生半可な思いつきのビジネスでも小銭を稼ぐことはできますが、同時に信用を失ってしまうのです。

商材を切り捨てる勇気

豚骨ラーメンがおいしいという評判のお店がありました。店長は売上を伸ばすために新たに醤油ラーメンを販売することにしました。すると売上が少し上がりました。そこで店長は味噌ラーメンも販売することにしました。しかし売上があまり伸びません。そこで塩ラーメンを販売することにしました。次に担々麺の販売もスタートさせました。その後どうなったかというと、売上は徐々に下がり、豚骨ラーメンだけを売っていた頃よりも売上が落ちてしまいました。

当社は設立当初、パソコン用品、フロッピーやトナーを売っていました。その後はパソコン本体やパソコンソフト、用紙などにも手を広げていきました。前職の私の先輩で、さまざまなパソコン用品やソフトウェアを販売している社長から、「新規のお客様を獲得していくより、ひとりのお客様にいろんなものを売ったほうが売上が上がるよ」とアドバイスを受けたためです。

現在の当社はどうかというと、クラウドサービスのみです。今までやっていたパソコン関連の仕事はすべてやめてしまいました。潔くスパッと全部やめてしまったというとカッコいいのですが、そうではありません。フロッピーをやめ、トナーをやめ、と毎年一つずつ商材をやめていきました。特にトナーは年間1000万円以上の売上があり、当時はお金もなかったので苦渋の選択でしたが、やめることを決断しました。なぜ次々と商材を切り捨てていったのかというと、一つの商品に絞って販売しないかぎり成功はないということに気づいたからです。

一つのものに特化して専門知識やノウハウを蓄えなければ、お客様からなんでも屋だと思われてしまいます。広くても浅い知識しか持たない「何でも屋」が、お客様から信用されるはずがありません。

成功しない会社は、取り扱い商品がどんどん増えていきます。売上が伸びないから新しい商材を売ろう、おっ、これも売れそうだ、こういうニーズもありそうだと、どんどん商品が増えていきます。そして最後はなんでも屋になってしまうのです。

何でも屋の末路はデパートです。デパートには何でもありますが、専門店ではありません。店員も専門知識を持っていません。単に、たくさんの商品が並んでいるだけです。だから本当にいいもの、欲しいものを探している人は、その分野に特化した専門店で買うのです。

会社経営で重要なのは商材を切り捨てる勇気です。何でも売りたいのはわかります。事実、売上も少し増えるのです。しかしその代償として専門店としての信用を失っていくのです。

ちなみに最初に話した先輩の会社は今どうなっているかというと、30年前に社員が３人いましたが、今はひとりで「何でも屋」を経営しています。

時間がかかるビジネスには手を出さない

２０２０年、マイナンバーカードの取得率はたったの22％です。マイナンバーカードの交付がはじまったのが２０１６年1月ですから、すでに約5年が経過しています。マイナンバーカードがすべての国民に行き渡ればさまざまな使い道も考えられるため、かなり便利になるはずです。しかし一向に普及しません。

私は十数年前から、税理士事務所の職員教育の必要性について税理士に訴えていました。今も昔も税理士事務所の職員のレベルは相当に低いからです。

私は業界紙から依頼されて、税理士事務所の職員のコンテストの審査員をしていました。このコンテストは、架空の企業の資料を基にして決算書を作る、というコンテストです。当初はいかに早く決算書が作れるかというイベントでした。なぜなら１００点を取るのは当たり前だと思っていたからです。ところが１００点を取れる人はほとんどいません。30点という人もいました。こういう決算書すらまともに作れない人が、税理士事務所の職員として普通に働いているのです。そしてあなたの会社の担当者になっているのです。

これはひどいと私は税理士に職員教育の必要性をずっと説いてきました。税理士も口を揃えてそのとおりだと言ってくれます。しかしこのコンテストに職員を出場させる税理士は、ほとんどいません。自分の職員がどれだけレベルが低いのかを知ることが怖いのです。その後、このコンテストは出場者が少なくなったため中止になりました。

さてここからが本題です。人間というのはいいことだとわかっていても、やらないことがあります。こういうものはビジネスチャンスというのではなくて「啓蒙活動」と呼びます。残念ながら中小企業ではこういった人間の意識変化が必要なビジネスや、「啓蒙活動」が必要なビジネスには手を出してはいけません。人が現実から逃避したいものや目をつぶりたいものがビジネスになるには、気が遠くなるぐらいの時間がかかるのです。

インチキは絶対にするな

神田のある居酒屋でのお話です。おでんがおいしい店だったので私は足繁く通っていました。あるときふとレシートを見ると、消費税が10％（消費税がまだ８％だったとき）になっていました。よくわからない料金も書かれています（左ページ参照）。

店長にお聞きすると「オーナーからお通しの他にサービス料も2％取れという指示がありまして消費税が10％になっています。またおつりの1円玉を用意するのが面倒だから10円未満は全部繰り上げにして店の売上にしろ、と言われてこうなっています」とのことでした。

税法的にもおかしいですし、そもそも店内のどこにも書かれていないサービス料を取るなんて社長としておかしい指示です。もちろん次からその店に行くことはなくなりました。

会社経営というのは、どれだけ多くの信用を得られるかが成功の鍵です。何年もかけて築きあげてきた信用を一気に失ってしまうのがインチキです。インチキやウソは必ずバレるのです。そして結果的に破滅の道を歩むのです。

会社経営というのは長い目で見なければなりません。インチキで一時的にお客様を集めることはできるかもしれませんが、いつか信用を失い必ず会社が衰退していきます。インチキは社長が絶対にしてはならない行為なのです。

では法的に問題なければ何をしてもいいのかというと、そういうことでもありません。簡単に言うと、儲かるからといって人から後ろ指を刺されるような仕事でもするかどうかということです。

子供騙しの情報商材、写真は素晴らしいのに実物はチープな料理、返せないとわかっている人に保証人をつけさせてお金を貸す。こういう商売はたとえお金持ちになったとしても、友達や周りの人から笑われるだけです。人からバカにされるような商売をあなたはやりたいですか。

ある企業は非常に安い月額料金でサービスを開始しました。どこよりも安いということでお客様は大喜び。ところが結局その価格を維持できずに今や当初の料金の10倍にまで跳ね上がりました。データの移行ができないため、仕方なくその企業の製品

おでん ¥720外
2 点 @180
おでん ¥360外
おでん ¥180外
おでん ¥180外
おでん ¥180外
おでん ¥280外
おでん ¥280外
ボトル ¥4,980外
2 点 @180
ボトル ¥360外
ボトル ¥180外
野菜 ¥290外
野菜 ¥390外
ご飯 ¥600外
ボトル ¥180外
ボトル ¥180外
繰り上げ ¥3非
外税対象 10.0%
¥18,170
外税 ¥1,817
非課税合計 ¥3
合計 ¥19,990
お預り ¥20,000
お釣 ¥10

を使い続けているお客様もいます。

法的には問題はないにしても、お客様を欺くような商売は決して長続きしません。昔のように情報が拡散しない時代にはこういう手法でも成功したかもしれませんが、今や瞬時にゲスな商売が多くの人に伝わってしまいます。

美しいビジネスモデルを作る

成功している社長から聞く、うまくいっているビジネスの話は、皆ビジネスモデルが美しい。無理がなく「必然の組み合わせ」で、一つ一つのブロックがきっちり組み上がっているというイメージがあります。

反対に美しくないビジネスモデルは、どこか歪な感じです。

自社が総代理店になり、全国に販売店網を作り、販売店の開拓費としてメーカーに売上の10％を継続マージンとして支払ってもらうといった不労所得ビジネスや、海外でカニを養殖し、それをファンドにして販売するなんていう詐欺っぽいビジネスを真剣にやっている社長もいます。

こういう美しくないビジネスモデルは、ほとんどが早期に破綻しています。

前記の不労所得ビジネスは販売店を集めるまではよかったのですが、まったく売れずにマージンはゼロ。カニのファンドは社長が代理店にすべての責任をかぶせてトンズラし、今も裁判中です。

ビジネスはあなた自身の姿

某テーマパークは北欧をイメージしたアミューズメントです。しかし中身はスカスカです。開発途中でお金が尽きたのか、一つ一つのブースがいい加減な造りです。また人員削減のためか、入場口はたったひとりの社員が数百人の入場者をさばいています。飲食店はぼさぼさの頭のおじさんがマスクもせず（コロナ禍）、ダウンジャケットで調理し、お盆は前のお客様が使ったものを洗わないまま次のお客様に渡します。

すべてのビジネスというのは作品なんです。作品とはあなた自身の姿です。自信を持ってお客様に提供できるもの、お客様にドヤ顔できるもの、そういうものでなければ売ってはいけないのです。それは商売人としてのルールです。

一時的にはちんけなものを売ってお金をもらうことも可能でしょう。しかしもう二度とそのお客様はあなたから買うことはありません。ビジネスはマラソンです。継続的にいいものを提供し続けないかぎり、あなたのビジネスに明日はないのです。

チラシ1枚、ホームページの一言一言、一つ一つのビジネスは、あなたの想い、人柄、真剣さがすべて詰まったものと言えるのかどうか。まずそれを自問自答してみてください。

第2章

成功する社長の法則

こんな社長がいい

理想的な社長は清水の次郎長

頭がいいとか、素晴らしい学歴や経歴を持っている社長が成功しそうに思えますが、実際に成功している社長は頭がいいわけでもなく、経歴もたいしたものではありません。「社長ががんばっているなら俺もやらないわけにはいかねぇな」と社員から慕われるような人が成功しているような気がします。

結局、能書きや理想論、高い給与では人は動かないということなのです。

社長というのは、社員から好かれているのかどうかがまず重要ではないでしょうか。そう考えると理想的な社長というのは、清水の次郎長が一番近いのかなという気がします。すぐカッとなるが部下のために命をかける。朝令暮改でいい加減、思いつきで行動し、女にもだらしない。けれどみんな社長が大好き。

そう考えると社長タイプでないのは、人当たりがよく、目立った欠点がない。いつもニコニコしていて、人の相談にも乗ってくれるような人です。

なぜそんなに素晴らしい人が社長タイプではないのか。それは「そんな人は世の中にひとりもいないことをみんなが知っている」からです。感情を表に出さない人、本当は何を考えてるのかわからない人ほど怖い人はいません。

社長に必要な4つの経営能力

勉強ができる奴が成功するわけではないのが、会社経営のおもしろいところです。大学で経営学を教えている教授や東大卒の人が起業したからといって、成功するとはかぎりません。なぜなら頭のよさは経営能力の一部に過ぎないからです。

大企業のように周りにブレーンがたくさんいる場合には経営能力が低くても、頭のよさだけでなんとかなるかもしれませんが、中小零細企業の社長は経営能力がないとすぐに倒産の危機に陥ってしまいます。

では、経営能力とは何でしょうか。私は以下の4つの能力の合計だと考えています。

・頭のよさ
・決断の早さ
・人に好かれる性格
・勘のよさ

頭のよさ、決断の早さについてはあなたもなるほどと思われたと思います。「会社に戻ってから検討します」とか「社内会議で決めます」なんていう社長で、成功した方に私は会ったことがありません。ちなみに私はどうかというと、決断はだいたい数分、行動は遅くても翌日には開始しています。

ここでは、少しわかりにくい残りの2つを解説します。

人に好かれる性格

これは生まれ持った性格なので、今更直すことは難しいです。どんなに頭がよくても、人柄が素晴らしくても、人に好かれる能力がなければ成功することはないでしょう。逆にバカでおっちょこちょいでも人に好かれる性格をしている人は、周りからの支援で成功するかもしれません。

人に好かれる性格というのは、商売とは関係なくどれだけ腹を割った話ができるか、自分のプライベートな話をベラベラ喋ることができるか、感情を表に出せるかどうか、だと私は思っています。

人に好かれる性格を持った社長は友達が多く、自分の業界以外の社長ともつき合います。また損得関係なく友達づき合いをするので、十数年来の友達が少なくとも10人はいます。

会社経営は長い長いマラソンです。自分とは全然関係のない業界の社長と、ひょんなことをきっかけに何年も経ってからビジネスになったという例はいくらもあります。

あるとき、成功していない会社の社長秘書と話をしたことがあります。「うちの社長は毎年、呑みに行く人がガラッと変わるんです。去年は毎週のように呑みに行っていた社長と喧嘩したわけでもないのに、今年になってからはなぜか一度も呑みに行ってないんです」と言っていました。

商売になるからその人とつき合うという社長は、友人関係が短期的です。学生時代に「こいつとつき合っておくと、将来いいことがありそうだ」と思って友達になることってないですよね。いろんな欠点があっても好きだから友達になるんだと思います。人に好かれる社長は、友人関係が学生時代の感覚をそのまま持っている人が多い気がします。

勘のよさ

勘がいいというのは「未来予知能力」と言い換えてもいいと思います。自慢ではありませんが、私は昔から危険を察知する能力が高かった気がします。

20年以上前、私はプリンターのトナーを売っていましたが、徐々に競合会社が増えて粗利が下がってきました。私はこのままやっていてはジリ貧になると思い、パソコンソフトの販売に切り替えました。数年後、今度はパソコンソフトが価格競争になりはじめました。そこでパソコンソフトを作る側、つまりメーカーになったのです。

スマホが発売されたときには、今後パソコンにインストールするソフトはなくなり、インターネットで動作するシステムやスマホが主流になるのではないかと考え、今まで作っていたソフトを捨てて、すべてクラウドへ移行することを決意しました。

勘の悪い人は自己肯定的です。いつもこのままで「なんとかなる」と思っています。自分を肯定してくれる人の意見だけを信じます。結果、どんどん沈んでいくのです。

自分のビジネスで何か違和感を感じたら、それは虫の知らせかもしれません。すぐに乗り換える必要はありませんが、次の枝に飛び移る準備だけは怠らないようにしてください。今や10年何も変わらないビジネスなど存在しないのです。

勘というのは、今までの経験とありとあらゆるさまざまな知識、そして、そこから推測する能力です。

運がいい人というのは、実は勘がいい人なのかもしれません。

成功している社長はとにかく学ぶ

自社がやっている事業を学ぶ

当社も名前が売れてきたため、最近は有名なＩＴ会社の社長とお会いする機会が増えました。

あるとき、ＩＴ社長が私に「当社は先進のＡＩ技術とブロックチェーンによりインターネットでセキュアな環境を構築しインバウンド、アウトバウンドの両面で、グローバルなクラウドサービスを提供しています」と自社の説明をしてくれました。その事業に興味を持った私は「サーバはどう管理しているんですか」と簡単な質問をしました。すると社長は「ＩＴは技術者に任せておりますので……」という曖昧な返事です。

だいたい、こういう意味不明なカタカナを並べる社長にかぎって、ＩＴに詳しくないし、学びもしません。私は今までこの手のカタカナを喋りまくるＩＴ社長でコンピュータに詳しい人には、ひとりも会ったことがありません。

ＩＴにかぎらず、社長の中には自分のビジネスについて知らなくてもへっちゃらな人がいます。「会社経営は、金儲けや株式公開の手段に過ぎない」と言い切るベンチャー社長もいます。ただ我々一般人としては、税金に詳しくない税理士事務所とか、ベジタリアンが作る肉料理店には、あまり行きたくないですよね。


逆に成功している社長は皆、自分の会社がやっていることやその周辺知識についてとても詳しく勉強しています。

ある社長はＩＴについてほとんど知りませんでしたが、Wi-Fiが小さなお店や旅館、バスなどにはまだ取りつけられていないことを知り、Wi-Fiの設置会社を設立しました。並の社長だとここで自分自身はマーケティングや販売店開拓に走り回るところですが、彼は違いました。自分は社長なんだから社内の誰よりもWi-Fiに詳しくなければならないと思い、どうしてパソコンがWi-Fiでインターネットに繋がるのかといったコンピュータの基礎を一から学び、社長は社内でWi-Fiに一番詳しい人間になりました。その後、この会社はどうなったかというと、売上が順調に伸びて株式公開を果たしました。

自分がやっている事業については一から十まで知っていなければなりません。さらに、その周辺知識まで手を広げて勉強することが重要です。「これは誰々君に任せているから」といった逃げ口上をしないように常に学び、新しい知識を吸収すべきだと思います。

人から自分の事業のことを聞かれてきちんと答えられない社長では、成功にはほど遠いでしょう。

自分で使わないで何がわかる

今から20年以上前、当社がまだ会計ソフトの販売店だった頃の話です。ある日、経理伝票を会計ソフトに入力していたときのことです。何か数値がおかしいのでよく調べてみると、試算表が正確に計算されていないことに気づきました。その会計ソフトは当時、当社がメインで販売していた経理ソフトです。これはまずい、お客様に迷惑をかけてしまうと急いでメーカーに連絡をしました。

すると、メーカーの担当者は「すぐ調べます」とのことでした。私は少し嫌味っぽく「御社の試算表もおかしな数値になっていると思いますよ。気づかなかったんですか」と言いました。すると担当者は「すみません。当社の経理は他社の会計ソフトを使っているのでわからなかったんです」。

これは皆さんご存知ない話だと思います。実は世の中に会計ソフトはたくさん存在していますが、ほとんどのメーカーは自社の会計ソフトを使っていないのです。自社で使わないものを他社に売るなんて、いったい、どうなんでしょうね。

たまにアマゾンの口コミを見ると、使いはじめてすぐに壊れたとか、電池が入れにくいなどのコメントがたくさん書かれています。使ってみればすぐにわかるような粗悪なものを大量生産し、交換、返品なんかしていたらすぐに利益は吹き飛んでしまいます。

顧客に自社商品のアンケート調査をする前に、まず自社の製品やサービスを自分で使ったり、利用したりすることは非常に重要だと思います。

失敗社長は経営の教科書

私は中小企業の社長向けの本を何冊か出していますが、実は税理士向けの本は、もっと多く出しています。大成功した税理士をたくさん知っているので、その方々から学んだ成功の秘訣、成功事例を本にしたのです。今や税理士といっても昔と違い、営業しなければお客様がこない時代になりました。

今から数年前に税理士向けにマーケティングの本を出しました。その本には具体的な税理士の営業方法を書き、多くの税理士から称賛されました。しかし実はその本、なぜか自分自身が納得できないというか、しっくりとこない部分があるのです。それが何なのかわからず、しばらく悶々とした日々が続きました。そしてある日、ふと気づいたのです。

「そうか、今まで成功した税理士ばかりから成功体験を聞いてきた。しかし成功していない税理士からは話を聞いていない。ならば成功していない税理士に会いに行き、営業がうまくいかない理由を探してみよう」と思い立ちました。

社員に号令を出し、立派な人だけど営業がうまくいっていない税理士を20人ピックアップしてもらい、ひとりひとりと呑みに行くことにしました。税理士にとっても営業がうまくいくための経営アドバイスを私から聞けるわけで、双方にとって得になるプロジェクトだと思ったのです。

昼間に事務所に行ってお話ししたら周りに職員もいますし、本音の話は聞けません。そこで「夕方にお伺いして呑み会とセットでいかがでしょうか」と税理士に伝えました。

ひとりまたひとりと呑みに行く毎日。明るい人もいれば暗い人もいる。東京はもちろん地方都市にも行きました。そして気づいたのです。一点だけすべての人に当てはまる共通点を。

それは、成功している税理士とは予定の組み方が真逆なのです。

今回お伺いした成功していない税理士は皆、昼間の予定を決め、家で夕食を食べます。夜は人から誘われたら呑みに行く程度。そして呑みに行く人はいつも決まったメンツです。

では成功している税理士はどうかというと、行動予定を夜から決めていました。何日の何時に誰と呑みに行くのかを決め、それに合わせて昼間の予定を決めています。積極的にさまざまな人と連絡を取り、呑みに行く予定を本業である昼間の仕事よりも「先に」決めるのです。

　まさか、こういう結果になるとは考えてもみませんでした。ただ、私自身も夜の予定はいっぱいですが、昼は意外に暇なことが多いのです。これは税理士の話ですが、会社を経営している社長も基本的には同じです。トップの仕事というのは夜に信頼関係を作り、昼間の仕事に繋げるということなのかもしれません。


　ちなみに毎日呑みに行く税理士なんていうと皆さんかなりの酒豪なのかと思われるかもしれませんが、中にはまったくお酒が呑めない税理士もいました。

　聞くとずっと烏龍茶を飲んでいるんだそうです。ただ周りが酔っ払っているとなぜか自分も酔った気になるんだと話されていました。この税理士は創業して数年で数十人の職員を抱えるまでに成功しました。もちろん未だに烏龍茶を飲んでいるそうです（笑）。

チャンスは準備を怠らなかった人へのプレゼント

　何かいつもつまらないアイデアばかり考えつく社長がいます。よく話を聞いてみると前に聞いた新規事業とやり方はほとんど同じ。差別化と称して誰も欲しくないサービスをてんこ盛りでくっつける。言うまでもなくこのビジネスは早期に失敗します。

なぜこうなってしまうのかというと、自分が今持っている知識だけで新ビジネスを考えてしまうからです。だから同じようなビジネスモデルが毎回できあがるのです。そして失敗を繰り返します。

このような失敗を繰り返さないためには、あらゆる事柄に対して多くの知識を持つことが必要です。たくさん本を読むことが手っ取り早いと思います。そうすることでクイズ番組で覚えたような上っ面の知識ではなく、深い知識を身につけるのです。本のジャンルは問いません。自分が関係する事業のジャンルでなくてもいいのです。実は私もイスラム教の本とか潜水艦の本とか、自分のビジネスとはまったく関係ない本を結構読んでいます。

本をたくさん読むと今まで見えなかったものが見えてきます。アイデアのスイッチも増えていきます。そして突然チャンスがやってくるのです。「あれっ、これってこの間会った人が言ってた話と同じだ。何かおもしろいビジネスに繋がっていきそうだ」。

チャンスというのは、もうひっきりなしにあなたの前を横切っているのです。あなたにはそのチャンスが見えていないだけなのです。知識が増えれば増えるほどチャンスは見えてくるのです。チャンスとは準備を怠らなかった人へのプレゼントです。

自分が成功したのは運がよかったからですという社長がいます。それは違うと思います。この世に運なんていうものは存在しません。この社長は成功すべくして成功したのです。

私は運というのは人柄と知識と知恵の合計のことだと思っています。チャンスを引き込む人柄、チャンスだと理解できる知識、チャンスをビジネスにする知恵。この3つの値が高ければ高いほど運を掴むことができます。

この3つの要素はどれ一つとして欠けてはいけません。人柄がよければ、さまざまな人があなたにヒントを持ってきてくれます。そのヒントがビジネスになるかどうかを判断するには、幅広く深い知識が必要です。そして、それをビジネス化するためには、知恵が必要です。

運がないと言われる人は、このうちのどれか一つが著しく欠けているのです。

とりあえずやってみる

ダメな社長がよく言うのが「それは自分の仕事ではない」という言葉です。あまり儲かっていないベンチャー企業の社長にホームページを作ってみたらどうですかと言うと、「ホームページはお金が貯まったらいいものを業者に作らせます」という答えでした。私は「早く作ったほうがいいですよ。多少できが悪くてもないよりはましです」と言うと、彼は「その仕事は私の仕事ではありません」と言います。

この答えは半分あっていますが、半分は間違っています。社長ならば会社の仕事はどんなことでも一度はやってみるべきだと思います。

私は会社を設立してから今まで会社の仕事はすべてやってきました。営業もやりました。開発もやりました。人事もやりました。給与の支払いもやりました。経理もやりました。トラブル処理にも行きました。だから各部署の仕事がどれくらい大変なのか、どのくらい大切なのかがわかるのです。

確かにホームページを作るのは社長の仕事ではないかもしれません。しかし作ってみることは重要なのです。そうすると何が大変なのか、何が重要なのかがわかってきます。ホームページを作成する業者にも適切に指示が出せるようになるでしょう。社長が継続してやる必要はありませんが、何事も一度はやってみることが重要なのです。

世の中に知らなくていいことなど一つもない

同様に「知る必要はない」という社長もいます。どうもこの手の人は一つ新しいことを知ると過去の知識を一つ忘れると思っているふしがあります。

私はバイクの中型免許を高校生のときに取りました。その後、大型免許を取る人も周りにはいましたが、バイクは排気量が小さいほうが乗っていて楽しいので、私はあえて大型免許を取りませんでした。しかしあるとき「大きなバイクに乗らなければ見られない世界があるのかもしれない」と思い立ち、50歳を超えてから大型バイクの免許を取りました。

政治にはまったく興味がありませんが、政治家のパーティというのはどのように行われているのか知りたかったため、会費2万円を支払い政治家のパーティに出席してみました。

バイクにしても政治家のパーティにしてもなるほどそういうことなのか、という大きな気づきがありました。これはお金には代えがたい体験です。

ネットで調べた情報や他人が書いたブログでわかった気になっていませんか。どんなことでも自分で体験してみる、学んでみる、やってみることは、必ずどこかで役に立つものです。面倒くさいと言い訳してやらないのは、自分自身で自分の見識を狭めてしまうのです。世の中に知らなくていいことは一つもないのです。若い頃から私の目標はずっと「森羅万象知らぬものなし」の人間になることです。未だに達成できていませんが。

ガムシャラに走る

社長としてのノウハウを得るために、たくさんセミナーに行ったり本を読んだりして勉強をしている人は多くいるかと思います。こうした努力は非常に素晴らしいことだと思います。ただ、それで社長としての能力が上がるかというとそう簡単にはいきません。

スポーツがうまくなるにはどうしたらいいでしょうか。例えば水泳です。手の使い方、足の使い方、息つぎの仕方を教室で習ったとします。それで泳げるようになるかというと、それはまた別の話です。

会社経営とスポーツは似ています。それは実践が伴わないと上手にはならないということです。スポーツならとにかくガムシャラに走ってみる、溺れる寸前まで泳いでみる。そして、これ以上は自分だけの努力ではダメだと思ったときにはじめて、人から習ってうまくなるのです。

社長も同じです。経営テクニックというのはいくらでも学べますが、人から経営センスを学ぶことはできないのです。ネットで検索したらトップになる方法、商品宣伝の手法、好感を持たれる喋り方など、「小手先の技術」が出てきますが、実際の経営にはたいして役には立ちません。

経営センスを磨くには、がんばってがんばって働いてもうダメだと思ったときに、はじめてセミナー、本、成功した人の言葉、さまざまなものから気づきをもらい自分自身で掴み取るものなのです。

もう一度言います。教えてもらうものではなく、掴み取るものなのです。

４つのリセット

時代のリセット

ある日、郵便で封書を出そうと思ってコンビニへ切手を買いに行きました。「封筒を送るとき切手代はいくらでしたっけ」と聞くと突然、店員はメジャーで封筒を測りだしました。「定形郵便なので金額は決まってるはずなんですけど」と言うと、店員はきょとんとした顔です。

結局、店員に切手の料金表を見せてもらい、１２０円の切手を買いました。そのときに少し嫌味で「あなたは切手を貼って郵便を出したことないの」とその店員に聞くと、「ありません」と答えました。

今は封筒ではなく、宅配便で送るのが当たり前の時代なのです。

自分が今まで生きてきた「古い時代」を「今の時代」にリセットするということは非常に厄介なことです。

私が若い頃、女性からモテる男というのは矢沢永吉のような人でした。バイクに乗って、タバコを吸って、目が合っただけで喧嘩するちょっと不良っぽい男。これがモテる男の代表選手でした。

ところが今の時代、こういう男はモテません。今モテる男というのは健康的な男です。公園の周りを毎日マラソンし、会社には自転車で行く。家に帰ると手作りの野菜ジュースを作って飲む。こういう男なのです。

皆さんにこんな話をしたくせになんですが、私自身も、自分の時代から未だに抜けきれずにいます。昔はこうだったなんてことをたまに部下に言うこともあります。しかしそれでは今のビジネスに取り残されてしまいます。

今の20歳は中学生の頃からスマホを使ってきた人たちです。30代・40代は携帯が当たり前の人たちです。現物を見ずに口コミだけを見てネットで注文、現金をほとんど持たずにスマホで決済、キャッシュレス。こういうことにまったく違和感がない人たちなのです。

契約書や申込書に名前や住所、電話番号を書くのは当たり前、最後にハンコを押してください。この用紙に書き込んでＦＡＸしてくださ い。当たり前のように繰り返されるこの作業、本当にこれは今も必要なのでしょうか。昔の当たり前は今の当たり前ではないのです。お年寄りでなければ手で紙に字を書くよりもパソコンに入力してもらったほうが、お客様もこちらも楽なはずです。そもそも送付する必要がない書類なら、郵便番号はもちろん住所すら不要です。メールですべて完結するならば名前すら不要と言えます。

自分の時代には、当たり前だったことが今やどんどん不要になっています。昔のままの感覚でビジネスを考えてしまうと、今まで普通だった営業手法も広告もまったく効果がありません。

今、新聞を読んでいるのは高齢者だけです。だから新聞折込チラシをいくら入れたところで、高齢者以外にはほとんど効果はありません。ある健康食品の会社がラジオで新製品の宣伝を行いましたが、まったく売れなかったそうです。あなたが最後に自分のラジオのスイッチを入れたのはいつだったでしょうか。

時代のスピードはとんでもなく速くなってきています。若手の社員に「昔はなぁ」という話をするのではなくて「今はどうなの」と聞くことが重要なのかもしれません。

お金の感覚のリセット

私も含めて創業者に多いのですが、お金の感覚をリセットするのはなかなか難しいものがあります。

例えば起業当初は社員が3人だったとしましょう。そんなときに月々5万円のリース料を支払うような契約は、「ちょっと高いな。どうしようか」と購入するかどうか非常に悩むわけです。その後、ときは流れて社員数が10倍、30人になりました。それでも当時のお金の感覚に縛られて月々5万円のリース料に悩むわけです。規模から考えれば月額50万円のリースを組んでもおかしくないのですが、社長自身は当時のお金の感覚のままなのです。

会社が大きくなったからといってむやみに大きなお金を使う必要はありませんが、会社にとって重要なものを買うときは、一度、昔の自分のお金の感覚をリセットして、購入を考える必要があります。

ちなみに私はどうかというと「効率は上がるかもしれないけど月々５万円か。うーん」。と未だに唸っています（笑）。

友達のリセット

悩ましい問題なのですが、友達のリセットが必要な場合もあります。

あくまで私自身の話ですが、ビジネスマンとしての人生が終わり、遊びに夢中になっている友達からの誘いは仕事のじゃまになるのですべて断っています。年を取り頑固になってしまった友達とは話をしても疲れてしまいます。頼みごとがあるときだけ連絡してくる友達もいます。こういう友達とはつき合いがだんだん面倒になってしまいます。

もしかすると友人関係を見直すことで業績が上がる可能性すらあります。

ビジネスモデルのリセット

２０２０年の8月にさいたま市内で引越しをしました。その賃貸マンションの退去日のお話です。

引き渡し時間がお昼だったため、エアコンのない室内は猛烈な暑さです。室内でオーナー会社の人を待っているとほどなくして担当者がやってきました。猛暑の中15分ほどで室内チェックは終了しました。担当者に鍵を渡そうとすると彼は突然、自社の弁護士の優秀さを話しだしました。

「当社の弁護士は高い顧問料を払って負けなしの弁護士」

「無料相談のところで紹介された安い弁護士に頼んでも着手金を取られて終わり」

なぜここで弁護士の話を延々とするのかまったくわかりません。猛暑の中、話は20分以上続きました。結局、敷金40万円では足らないので請求書を送ります。扉の傷だけでも一つ20万円はかかります。弁護士に頼んでもさっき言ったように、うちの弁護士は負け知らずだからやれるものならやってみろとのことです。

30年以上前には、この手の敷金を返さない詐欺、脅しビジネスは確かにありましたが、まさかこの時代でもやっている人はいるんだなぁとビックリしました。昔のように情報が伝達しない時代ならともかく、今はネットに書かれたら一発で終わりです。

偶然ですが、この賃貸マンションのオーナー会社は40年前に私が前職で担当していた会社です。今は2代目が引き継いでいるようですが、会社の規模はまったく変わっていません。

どんなに素晴らしいビジネスモデルでも今の時代に合わなくなってきたものは、変えていかなければなりません。いつまでも昔のままでうまくいくビジネスモデルは存在しないのです。

余談ですが、請求書はいつまで経っても届きません。連絡したほうがいいでしょうか（笑）。

成功する社長がやっていること・考えていること

素晴らしい絵を描く

成功しない人の性格の一つに「想像力がない」というものがあります。

ある社長に「もし自分と同じ人がいたら、その人と仲よくできますか?」という質問を投げかけると、「井上さん、現実にそんなことあるわけないんだから、そういうことを考えること自体がナンセンスですよ」とバッサリ言われました。

またある社長は「僕はＳＦ映画は見ません。だって宇宙人がくるとかありえない話ですよね」と言います。

また別の社長は元バリバリの営業マンで売上のことしか考えていないような人です。しかし「井上さん、僕こういう夢のある商売ができたらいいななんて、たまに思うんですよね。社員には笑われそうだから言わないけど」なんてことを僕にもらします。この人は大成功を収め55歳で隠居（笑）しました。

想像力のない社長の理想は、概ね「クレームなくお金がもらえる仕事」のような気がします。こうしたいというものがあっても、お客様から何か言われるとすぐ変化。そして歪なものができあがります。それに何の違和感も感じていない。口癖は「だって仕方がない」とか「お客様がそう言うので」です。

自ら素晴らしい絵を描きたいのではなく、お客様が望む絵を描く。だからいつまで経っても成功しない。そしてそれに気づかないのです。

正しいSNSの使い方

今やSNSは社長として必須のコミニュケーションツールと言えます。SNSを見ればその人の人柄がわかります。

社員にとっては普段話すことのない社長のSNSを見ることで、社長の考えが伝わります。この社長は素晴らしい発言をする人だな。一度会ってみたいと新しいつき合いがはじまるかもしれません。

成功していない社長はなぜか皆さん、本気でSNSをやっていない気がします。面倒くさいのはわかりますが、やって損することは何もありません。SNSは無料で出せる自分自身の広告であり、さらに会社の広告とも言えます。かといって綺麗事ばかり書く必要はありません。自分が日頃思っていることを書けばいいのです。いいことも悪いことも自分の本音をさらけ出すことが、人からの信頼を生むのです。

とはいえ節度をもって書き込むことは重要です。よく言われることですが、政治や宗教の話はしないということです。また人の趣味や趣向を批判しないということです。

ある社長のSNSにタバコを人前で吸う奴は人としてダメだと書いてありました。こう書かれてしまうとタバコを吸う社長は、この社長には会いたくなくなってしまいますよね。「ワインなんか呑んでいる奴は、うんちくばかりで本当の酒の味を知らないお子様だ」「大人なのに自転車乗って喜んでいるバカ」と書き込む社長もいました。

たとえ素晴らしい人だとしても、こういう人には会いたくなくなりますよね。

いくらＩＴが発達しても、利用するのは人間です。人間には感情があります。素晴らしい出会いや他社との提携の話も、あなたの節度のない書き込みですべてなくなってしまうかもしれません。いつどこで誰があなたのＳＮＳを見ているかわかりません。それを見た人が、誰かにそのことを伝えるかもしれません。社長が会社経営以外のことで人に嫌われていいことは一つもないのです。

本音は書くべきですが、趣味や趣向など個々の人が大切にしているものを批判することは避けたほうがいいと思います。

矛盾することを同時に目指す

頭がいいのになかなか成功しない社長がいます。

頭のいい社長は、あの人と呑みに行っても新しいビジネスには結びつかない、こんなことをＰＲしてもほとんど効果がない、新製品も売れるかどうかが疑問なので販売しない、他社と事業提携しても社内の手間が多くなるだけでたいしたメリットはない、とさまざまなことをロジカルに分析し効率を重視します。

しかし、あなたもご存知のように、会社経営は無駄なことばかりです。

あんなことしなければよかった、手間ばかりで全然儲からない。毎日毎日後悔の日々。ただこの無駄が実は社長を成功に導くのかもしれないのです。


当社の仕事とはまったく関係ない大企業の課長と親しくなり年に1、2回呑みに行っていました。当時何の話をしていたかまったく覚えていないので、多分世間話だったんだと思います（笑）。

そして20年経ち、彼は会社の取締役になりました。気心が知れているということで、その人の紹介で大企業の役員やさまざまな人に会うことができるようになり、ビジネスにも発展しました。


社長業とは、矛盾することを同時に行うことです。お金を稼ぐために無駄金を使う、リスクを取りながらリスクヘッジを図る、博打を打ちながら会社の安定を図る。無駄を廃して合理的・論理的に合ってさえいれば、会社がうまくいくというわけではないのが会社経営のおもしろいところとも言えます。

ビジネスモデルを絶妙にずらす

フリーウェイジャパンは国内最大のクラウド経理、給与の会社です。ユーザーは36万を超えています。ならば売上のほとんどはそちらから得ているのではないかと思われるかもしれませんが、そうではありません。

一般的にクラウドメーカー、インターネットサービス会社のビジネスモデルは、最初の数カ月間は無料、それ以降も使いたい場合には有料とか、最低限の機能は無料でもっと便利に使いたい人は有料など、利用者からお金をもらうのがセオリーになっています。いわゆるサブスクモデルです。

一方、当社のビジネスモデルはどうかというと、全国の税理士事務所がメインの売上先です。無料で使っている企業が税理士事務所と顧問契約をすると、経理システムのサーバ利用料を税理士事務所に請求するというビジネスモデルです。ですから一般的なクラウドメーカーのように企業からお金を1円ももらわなくても、ずっとサービスを続けることができるのです。

実は儲かっている企業のほとんどはビジネスモデルが絶妙に「ズレている」んです。なんであの会社はこんなことしてやっていけるのかな、どうしてそんな商売で儲かっているのかなと不思議に思う会社のほとんどはビジネスモデルがズレています。

私の大学の先輩がパンの缶詰を製造販売している有名な「パン・アキモト」はずっと売上が伸び続けています。では、パンの缶詰を作れば誰でも売れるのかというとそう単純な話ではありません。企業秘密なのでここではお話しできませんが、ビジネスモデルの話を聞いたときに「そりゃすごい」と本当にビックリしました。

どうしてドン・キホーテだけがひとり勝ちなんでしょうか。TSUTAYAが先行の大型ビデオショップを次々と撃破し国内のレンタルビデオ店の7割を占めるようになったのはなぜでしょうか。多くのラーメン店の中で熊本の「味千《あじせん》ラーメン」だけがなぜ海外に700店以上も出店できたのでしょうか。

これらの会社はすべてキャッシュポイント、ビジネスモデルがズレているんです。だから正攻法で戦っても勝つことはできません。

ビジネスモデルが普通だと大量の営業社員を雇い、全国に支店を出して力技で売るという方法しかなくなります。するとノルマを達成できない営業社員は次々と辞めていきます。社内も殺伐としていきます。

こういう消耗戦に参加しないためには、普通に仕入れて普通に売るのではなくて、違うところからお金がやってくるという「ズレた仕組み」を考えてみたらいかがでしょうか。

成功する社長にはターニングポイントがある

会社が有名になったためか、最近は取材を受けることが多くなりました。

取材では記者からさまざまな質問が投げかけられます。面倒だなと思う反面、気づきを与えてもらえることもあります。先日「急成長したターニングポイントっていつですか」と聞かれました。考えてみたこともなかったので、うむと考え込みました。

会社を設立して10年間は売上が上がったり下がったりの波の上を漂っていました。

その頃はお客様が買ってくれそうなものをひたすら探す毎日です。「おっ、これって旬だな。このソフト作ろう」。その後「一時的に売れたけど今は全然売れないな。なんかみんなが欲しいもの、買ってくれそうなものないかな」。こんな具合にネタを探してはソフトを乱造していきました。

開発力だけは他社より優れていたので、こんないい加減な開発方法でもソフトは完成しました。ただ早く売ってお金にしたいために、作りはチャチなソフトです（すみません）。

そんなことを繰り返す10年でした。

ただ、その後少しずつ意識は変わっていきました。それはいいものを作らなければ誰からも相手にされなくなるのではないかという意識です。そこで２００５年に今後はクラウドシステムしか生き残らない。その中でも一番優れたものを作ろうと決意し、２０１０年に国内初のクラウドシステムを発表しました。

私のターニングポイントは、お客様が買ってくれそうなものを作るのではなく、自信を持って売れるような優れたシステムを作るという意識の変化と言えます。「お客様に迎合するのではなく、自分がプライドを持って作ったものを評価してくれるお客様にだけ販売する」という意識です。

ターニングポイントというのは、商品やサービス、時期ではなく、実は社長の意識が変わったときと言えるのではないでしょうか。

答えは現場にある

ＪＲでは今、駅の構内では禁煙パイポやハッカタバコなどが禁止されてるのをご存知でしょうか。タバコが禁止されている理由はもちろん受動喫煙対策です。しかし周りの人にまったく迷惑のかからない禁煙パイポがなぜ禁止されているのかというと、禁煙パイポをタバコと勘違いして因縁をつけたり暴力を振るう人がいるからだそうです。

これは女性がミニスカートをはいていると痴漢の人がムラムラするので、痴漢の人を守るためミニスカートを禁止するのと同じことです。

つまり、取り締まるべきほうではなく、被害者を禁止にしたほうが手っ取り早い。

これと同じように社員というのは、問題解決を自分に都合のいいルールを作って解決しようとするものなのです。

ある大手スーパーの中の自動販売機に「この自動販売機はたまにお釣りが出ないことがありますが、当スーパーは一切関係ありません。直接、自動販売機の設置会社に電話をしてください」と書かれた貼り紙がありました。これでは利用禁止と同じ意味です。何があっても我々は知りませんよということなんでしょうね。

禁止するというのは一番楽な方法です。だから公園でサッカーやボール投げは禁止、自転車やペットは入れません、小さい子は三輪車にも乗れず、フワフワした小さなボールで遊ぶこともできません。

昔、当社のソフトが愛知県でほとんど売れなくなったことがあります。愛知県を担当している販売店の社長に理由を聞いてみましたが、よくわからないとのこと。そこで愛知県のお客様のところへ1軒1軒、私自身で原因を掴みに行きました。

するとあるお客様が「井上さん、お宅のソフトって販売店と保守契約をしなければならなくなったそうですね。ソフトの利用料が月1万円なのに保守料金が月6万円ってそりゃないよ」。

こんな勝手なルールを作った販売店とは即刻、契約を打ち切りました。

あなたの知らないうちにお客様の行動を制限するようなルールを作っている会社や、自分に都合のいいルールを作っている社員がいるかもしれません。社長が定期的に現場に出たほうがいいのは、お客様のニーズを聞くだけではありません。

クリエイティブな仕事はプライスレス

たまに外注先に対して、でかい顔をする社長に会うことがあります。喋り方が横柄、価格を叩く、支払いが遅い、クレームが多い。あなたがそういうひどい人だとは思いませんが、ここで質問です。あなたは外注先のことをどれだけ考えてあげていますか。私は外注先のビジネス状況を聞いて、さまざまなアドバイスをしたりキーマンを紹介してあげたりしています。

外注の方にいい仕事をしてもらうには、彼らが安心して暮らせる環境を整えてあげなければなりません。

仕事を頼むときにすぐ見積もりをくださいと言う人がいます。もちろん一過性のものを買うのであれば見積もりをくださいというのは普通のことですが、クリエイティブな仕事を継続してやってもらう場合には、「いくら支払います。このくらいの仕事をしてもらえませんか」と聞くべきです。

例えば私の場合はこんな風にお願いします。

「あなたに毎月20万円支払います。毎月どのくらいの仕事をやるかどうかはあなたにお任せします。今月は全然できなかったから来月その分やりますでも問題ありません。この条件で当社の仕事をやって頂けますか」

外注先は、当社の仕事だけをしているわけではありませんから、急ぎの仕事もあると思います。それを優先してやってもいいですよということです。

クリエイティブな仕事というのは、いくらでも適当にできますし、とんでもなく時間をかけてじっくりと考え素晴らしいものを作ることもできます。例えば、市販のものを買ってきて作るラーメンと、鶏ガラを3日間煮込んで作るラーメンはラーメンとしては同じです。クリエイティブな仕事というのは、見積もりを作ってこのくらいでいいかなという仕事ではありません。

もちろん自分に都合よく考えるようなクリエイターにはこういう提案はNGです。私はちゃんとした仕事をしてくれそうな人、つまり「プライドを持った人」にだけしか外注の仕事は依頼しません。

外注の方とは、皆さん長い間おつき合いさせて頂いています。毎月ずっと支払いをするほうが、仕事を受けるほうも収入が安定し安心して仕事ができます。

外注先は私の仲間です。仲間なら相手が困っていることを助けてあげるのは当たり前です。逆に仲間だから私のビジネスを全力で手助けしてくれます。こちらの少しの間違い、手直しも大目に見てくれます。困ったときには自分のことのようにがんばってくれます。

困ったときに外注先から助けてもらった経験は何回もあります。もう昔の話ですが、納品が間に合わないときに東京から京都まで十数キロの重さのディスプレーを手で持って届けてもらったこともあります。

お金だけのつき合いというのは、お金以上の仕事はしてくれません。お金さえもらえれば相手がどうなったって関係ないのです。

何よりも気心の知れた仲間との仕事は気持ちがいいと思いませんか。

リハーサルに手を抜かない

私の例で恐縮ですが、あるとき博覧会でセミナーを行うことになりました。講師は私です。パソコンの操作はそのソフトを作ったプログラマーに任せました。セミナーは順調に進みソフトを動かす場面になりました。しかしプログラマーがなかなかそのソフトを動かせません。日頃、人前に出ない仕事をしているせいか、彼は緊張で頭の中が真っ白になってしまい、操作がわからなくなってしまったのです。結局そのセミナーはグダグダになり、大変恥ずかしい思いをしました。

私は自分が作ったプログラムぐらいプログラマーが動かせるのは当たり前だと思い、リハーサルはしなかったのです。

ビジネスにおいてリハーサルというのは非常に重要なことです。たとえ慣れていること でも、何度も何度も繰り返して行うべきなのです。

ある大企業の社長の話です。

その社長は社員とともにプレゼンに行くことになったそうです。社長と社員は先方の会社のロビーで待ち合わせをすることにしました。

当日、社員は約束の30分前にロビーに着きました。ロビーを見渡すとすでに社長が座っていたそうです。社長が何をしているのかそっと見ると、下を向いて何やらブツブツとつぶやいています。なんと、そのプレゼンの資料を何回も何回も読み返しているのです。

もちろん社長の仕事はプレゼンを行うことではありません。ただその前に自分がプレゼンを行えるぐらいのトークを、社長として身につけておかなければならないと思ったのでしょう。この社長はリハーサルの重要性を知っていたのです。

慣れているから大丈夫。このくらいはわかるだろう。こういった思い込みや慢心が取り返しのつかない事態を招くのです。

第３章

改めて経営について考える

そんなに経営は甘くない

社長としての覚悟

起業したての社長にいつも聞くのが「あなたは社長になる覚悟はありますか」ということです。皆さん揃って「もちろんです」「がんばっています」と言うのですが、中には一所懸命やってるようには見えない人もいます。

前著をお読みの方はご存知のように、私は1日18時間366日仕事をしていました。当時の自分の給与は月15万円です。そこから所得税と保険や年金、家賃を引くと残りは7万円です。会社が軌道に乗るまでの5年間、私はこの給与でなんとか生活してきました。

起業当時だけではありません。何回も何回もお金がないというピンチがやってきました。

ある日、経理の担当者が「今日は給料日ですが会社にお金が全然ないので給与の振り込みができません」とやってきました。私は「昼過ぎにお金が振り込まれてくるからそれで払ってくれ」と彼に伝えました。その後、彼がまた私のところにやってきて、「社員全員には支払ったんですけど社長の分がないんですが、どうしましょうか」と聞かれました。「今月、俺はいらないから」と答えました。

ちなみに、なぜ昼過ぎにお金が振り込まれたのかというと、私が自分の貯金をすべて振り込んだからです。

社長の覚悟とは「報酬がまったくもらえなくても、自分の貯金をすべて使い果たしても、会社や社員のために1日の休みもなく仕事をし続けることができるか」です。

たまに儲かってもいないのに、ベンチャーキャピタルから受け取ったお金で自分に多額の給与を振り込んでいる社長がいます。社長としての覚悟がないにもほどがあります。

社長になるなら覚悟を決めてください。覚悟がない社長は社員や取引先、お客様に対して迷惑なだけです。

ビジネスは時間軸で考える

私の会社には「こんなビジネスをはじめようと思うんですけど、どうでしょうか」と起業家がよくアドバイスを求めにきます。そりゃダメだよねというビジネスモデルもありますが、非常に素晴らしいビジネスモデルもあります。マーケティング手法やビジネスの建てつけ、人の運用まで完璧な仕組みです。ただ1点の問題点を除けばです。

私はいつも「それまで何をするんですか」とお聞きします。すると皆さん、きょとんとして言います。

「いや今お話ししましたよね。こういうビジネスをやるんですよ」

ビジネスというのは時間軸で考える必要があります。言い換えると「自分は今どのステージにいるのか」を考えるということです。最初から大きな目標を掲げてそれに邁進するのはいいことだと思いますが、自分の会社がまだその域には達していないということがよくあるのです。

例えば、会員を1万人集めてひとりひとりから月々1000円をもらうというビジネスがあったとします。ある程度会社が大きくて、この売上はなくても会社が運営できるというステージに達しているのであれば何も問題はありません。しかし、まだその域に達していない会社の場合、非常に難しいビジネスとなります。

会員を数万人集めるというのは会社の規模、知名度、お金が揃ってはじめてスタートできるビジネスです。たとえ素晴らしいビジネスモデルであっても、会員を1万人集める間に資金が尽きて会社が倒産してしまうでしょう。

ゲームのドラクエでいきなり魔王に挑む人はいません。まず力をつけ、威力のある武器や防御力の高い防具を揃えてから魔王と戦いますよね。起業家の方によく言うのは「ビジネスモデルは素晴らしいですけど、それは今やることではないと思います」という言葉です。言い換えると「将来の目標としてのビジネスと、その目標を達成するために今やるべき現実的なビジネス」の両方を考えておくべきだということです。

蛇足ですが、起業当初は、将来の目標を達成するために、どんなに安くても嫌いなお客様であってもお金になることは何でもやるべきです。まず自分が「食える」状態になることが重要です。自分ですら食えない社長に次の未来はないのです。

敗者復活戦はない

たまに「昔、会社を経営していて一度倒産したことがある」という経歴を持った人が訪れることがあります。いろいろアドバイスはするのですが、正直言ってこの人またダメだろうなと私は感じます。

知り合いからの紹介で「会社を経営していましたが数年前、会社が倒産しました。しかしこの度、新たに会社を作り再スタートしたんです」と言う社長が、私のところにアドバイスを求めてやってこられました。

この人が以前どんな仕事をしていたのかについては触れませんが、今度は燻製を作る機械を販売するというお話でした。機械の設計も自分で行い、とてもおいしい燻製ができる機械を開発したそうです。ただ、この機械がなかなか売れなくて困っているとのことでした。私は「そんなにおいしいのですか。ではその機械で作った燻製を一度食べさせてください」と言いました。しばらくしてその社長が燻製を持ってきてくれたのですが、食べてみると本当においしい。

そこで私は「社長、機械を売るのではなくて、その機械で作った燻製の販売をされたらどうですか」とアドバイスをしました。社長はあまり乗り気ではありませんでしたが、資金繰りに困ってるということもあり、私の言うとおりに燻製を販売することにしました。するとも大当たり。口コミで人気になり、パン屋さんの駐車場や高速道路のパーキングエリアで販売したところ爆発的に売れました。夕方を待たずにすべて売り切れるほどです。

その後、その社長はどうなったと思いますか？

実は会社がまた倒産しました。社長は燻製の販売はそこそこに、儲けたお金でまた燻製の機械を販売したのです。この機械の開発コストで利益はすべてなくなり、キャッシュアウトして倒産しました。この人が一番やりたかったことは燻製を売ることではなく、燻製を作る機械を売ることだったのです。自分の趣味にお金をつぎ込んでしまったのです。

米国では一度失敗した社長でも再度復活できるのに、日本では一度失敗した社長は二度と這い上がることができない。これはおかしいと言う人がいます。しかし会社を円満にたたんだ人ならともかく、一度でも他人に迷惑をかけて会社を倒産させた社長というのは、社長には不向きなＤＮＡを持っているのです。こういう人は何をしてもダメなんです。事業を変えても会社を変えても社員を変えてもダメです。社長自身がいなくならないかぎり成功はありません。

会社経営に敗者復活戦はありません。「一度会社を倒産させた経験を今の会社に活かして経営しているんです」と言う人もいますが、社長自身が本当の意味で変わらないかぎり成功することは無理なんです。

一度は死んでみろ

昔、会社がうまくいかないときに、廃墟のような学校で砂に押しつぶされる夢を見ました。印象的な夢だったので、私の友達で夢占いが得意な奴に電話をしました。

「これってどういう夢なのかな」

「えーっと調べてみるね。今、あなたが置かれている状況への深い悲しみ、絶望的な状態、死の前兆って書いてあるよ」

成功している人に、死の淵を覗いたことがあるか、絶望を味わったことがあるかを聞くとたいていの社長は「あのときは本当にもうダメだと思ったね」「自分がいかに大バカだったのか。本当に悔やまれるよ」という意見が帰ってきます。私自身、昔は月末が近くなるといつも鬱になりました。ある社長に「井上さんはいつも小銭入ればかり使っているよね。お札はどうしているの」と聞かれたことがあります。月末に私の財布にお札なんか1枚もないのです。

あるとき、ずっと借金まみれで20年も金策に走り続けている社長に同じ質問をしたことがあります。すると彼はこう答えました。

「自分に絶望？　そういうのはないな。俺は自分自身を信じているから」

私の友達で成田社長という人がいます。葬儀屋をはじめたもののうまくいかないため、さまざまなビジネスに手を出しました。しかし何をやっても失敗ばかりです。私もいろいろとアドバイスをするのですが、なかなか本気にはなりません。その後資金繰りに困り、多くの人に出資してもらいましたが、そのお金も尽きてしまいました。

万策尽きた彼に、私は「君はいつまでそんなことをしているつもりなの。葬儀屋だったら葬儀を本気でやりなさいよ。相手にされないかもしれないけれどお寺の手伝いをしたり、忙しい葬儀屋さんから仕事をもらったりして、少しずつお金と信用を貯めていきなよ。今のままだと誰からも相手にされなくなる。だから君を応援してくれた人、出資してくれた人には少しずつでもいいからお金を返していくべきだよ」。

彼は私の言葉を聞いてから、毎日1日の休みもなく朝から晩まで働いています。好きなお酒もやめました。今では会社も大きくなり、素晴らしい葬儀屋になりました。出資してくれた人たちにも少しずつお金を返し、ついに払い終わったそうです。出資者はもちろん、周りの人からもあいつは信用できる男だと言われるようになりました。

推測ですが、成功しない人というのは、死ぬような思いをしたことがない人と言い換えることができるのではないでしょうか。なぜなら死ぬような辛い思いをする前に、借金を踏み倒してトンズラしてしまうからです。そして同じことを繰り返すのです。

明日までにお金を集めなければ倒産する。食べるお金さえない。誰も助けてくれない中でひとり立ちすくむ。こんな四面楚歌の中、たったひとりで立ち向かった人だけが成功するような気がします。ダメだったら倒産して自己破産しちゃえばいい。叔母さんからお金を借りればいいや、親父に頭を下げてお金を出してもらおうなんていう人は、何回会社を立ち上げたとしても成功することはないのです。

経営計画には何の意味もない

コントロールできるものとできないもの

「会社の経営は毎日きちんと仕事をすればうまくいくというものではありません。事業を継続させ、目標を達成するためには、目標へのロードマップが不可欠です。そのためには経営計画が必要なのです」

なーんて、経営計画の重要性を訴えるコンサルタントは多いのですが、私は経営計画を作っていません。厳密に言うと今は作っていませんが、会社を設立して10年ぐらいまでは私も経営計画を作っていました。

「来期は売上20％アップ、純利益は１０００万円ぐらい欲しいなぁ」と毎年毎年、経営計画をずっと作ってきました。しかしそのとおりになったことは一度もありません。そして来期こそは必ず達成するぞ！　とまた同じことを繰り返し、１年後にまたため息をつくのです。

あなたの会社も同じではありませんか。いえいえ、あなただけではありません。ほとんどの会社が経営計画どおりにはいかないのです。

経営計画を何のために作るかというと「業績を上げるため」ですよね。では、経営計画を作っている会社100社と作っていない会社100社を比べてみたときに、どちらの会社の業績がよくなっているでしょうか。たぶん変わらないんじゃないかと思います。経営計画のコンサルティング会社の社長が「井上さん！　うちの会社がついに7年ぶりに黒字になりました！」と言ってました（笑）。

なぜ経営計画はいつも失敗するのかというと、経営計画が「売上」や「利益」という「結果」を目標にするからです。

社員「社長、今期は98％達成できました」

社長「そうか、惜しかったな。何が達成できなかったんだ」

社員「売上と利益以外の予算はすべて達成しました」

会社経営にはコントロールできるものとできないものがあります。経費はいくらでもコントロールできます。しかし、売上と利益だけはコントロールできません。経営計画の一番の問題点はコントロールできるものとできないものが、ごっちゃになってしまっていることです。だからいつもうまくいかないのです。

経営計画よりも売上や利益が上回りそうになった場合、経営計画どおりに進めるために売ることをやめる会社があるでしょうか。決算のときに経営計画よりも売上や利益が上がってしまい計画どおりにいかなかったと嘆く社長よりも、大喜びする社長のほうが多いはずです。

昔を思い出してみてください。受験生の頃の話です。

例えばある学校は80点以上が合格だとします。では、あなたは当時80点を目指して勉強の計画を立てていましたか。そうではありませんよね。ここでいう80点は「結果」なのでコントロールできません。ゆえに１００点を取るために必死に勉強したのではありませんか。
勉強とは自分のレベルを上げること。言い換えると自分の「品質」を高める努力なんです。実は会社経営も同じです。私は売上や利益を上げる方法を計画することこそが本当の「経営計画」なんだと思います。

売上と利益を上げる方法なんてどうするのという声が聞こえてきそうですが、実は私も聞きたいぐらいです（笑）。とはいえ会社を経営してきて30年、ようやく売上と利益を上げる方法がなんとなくわかってきました。これに関しては後述します。

さて、一般的な経営計画は不要と書きましたが、これは会社を経営する指標としては不要ということで、日本という社会で会社経営をする上では必要な場面もあります。
それは金融機関からお金を借りるために経営計画が必要な場合です。ただ金融機関にとって重要なのは、あなたの会社が成長するかどうかではなく、貸したお金が返ってくるかどうかを知りたいだけです。そのために「彼らを安心させるための経営計画」を作ることは必要なのかもしれません。

間違った道の先に目的地はない

「今期は赤字だった。来期はがんばろう。まずは黒字を目指そう」とあなたは思う。そして1年後にあなたはまた同じことを言うのです。

赤字の会社というのは、あなたがやってきたことが「根本的に」「完璧に」「すべて」間違っていたからなのです。それにもかかわらず、がんばりが足りなかったからだ、社員が売れなかったからだ、広告の問い合わせが少なかったからだと理由を探し出して、同じことを毎年繰り返すのです。

例えば、あなたが飲食店を経営しているとしましょう。今期は赤字だった、来期は黒字を目指そうとつぶやきます。そしてあなたは今までどおりのレシピで今までどおりのメニューを作る。これで来期黒字になると思いますか。間違ったやり方を毎年同じようにやっていても黒字になるはずがないことに早く気づくべきです。

決算書のバランスを崩す

税理士は決算書のバランスを重視します。優良と言われている会社の決算書とどこが違っているのか、同業他社と比較してアンバランスになっている勘定科目は何なのかを指摘してくれます。

これは税理士として当たり前のことです。税務申告はもとより、会社が安定するように、会社が倒産しないようにするのが彼らの仕事ですから。

ただ税理士が言うようなバランスが取れた決算書になれば、会社が伸びるのかというとそれはまた別の話になります。

会社を伸ばそうとするときには、決算書が歪になります。人件費が突出したり、研究開発費が異常に多くなったりします。外注費が増えるかもしれません。つまり会社を伸ばそうとすればするほど、決算書のバランスはどんどん崩れてしまうものなのです。

逆にいつも決算書のバランスがいい会社というのは、売上が安定している大企業か、何もチャレンジしていない会社と言い換えることもできます。

決算書というのは、あくまで1年間という会社にとってはどうでもいい期限で括られたものでしかないのです。税務署の都合と言ってもいいでしょう。

会社経営を1年しかやらないなら別ですが、通常は永遠に継続して行っていくものです。それゆえに2年、３年かけてやるような長期的なプロジェクトは必ず赤字が先行します。それをいちいち気にしていては会社は伸びていきません。社長が毎年の決算書で一喜一憂することはナンセンスな話なのです。

会社を伸ばそうとするときには博打を打つこともあります。これがダメだったら会社は倒産するといった大博打は「なるべく」やめたほうがいいですが、当期の利益が全部吹き飛ぶぐらいの小さな博打なら打ってみてもいいと思います。バランスが取れた決算書、予定調和な決算書で会社が伸びることはないのです。

売上と利益を上げる方法①「品質」

お客様がお金を払うのは「価値」。

価値とは、「価格」よりも「品質」が高いことを言います。

高級なホテルなら10万円支払っても満足。

ひどいホテルなら1万円でも不満。

コストパフォーマンスを上げるには、

「品質をそのままに価格を下げる」

「同じ価格で品質を上げる」

このどちらかです。


こういう話をすると、すぐに価格を下げようとする社長が出てきそうですが、それでは会社がなくなってしまいます。他社も追随して価格を下げてくる可能性もあります。ゆえに正解は「同じ価格で品質を上げる」です。

品質というのはものだけではありません。サービスも品質です。社員の受け答えも品質です。きちんとしたマニュアルを作ることも品質です。つまり品質向上とは商品自体の質を高めることだけでなく、自社のサービスを向上させるという方法もあるのです。

そこで「なるほど！」とお金がかからないようなサービス、例えば社員にお客様へのあいさつを徹底させたり、電話応対の仕方を教育したりする社長がいると思います。

でも、ちょっと待ってください。それも重要ではありますが、やはり商品としての品質を上げることを優先して考えてください。


品質を上げるにはお金と労力が必要です。新しい機能やサービスを追加したり、品質を高めるための研究が必要になったりします。お客様がインターネットで買いやすくなるようなホームページや社内データを共有することで、お客様にいちいち同じことを聞いたり、過去に購入した履歴を表示したりするなどのお客様の手間を少なくすることができるかもしれません。こうしたことを計画することが品質向上計画なのです。


ある社長に「御社の商品は去年と比べてどれだけ品質が上がりましたか」と聞くと、きょとんとした顔をされていました。

なぜそんなことを聞いたかというと、商品は必ず陳腐化していくものだからです。そのためには毎年、いや毎月、品質改善が必要です。商品の価値というのはできあがったときが最高で、徐々に下がっていきます。同業他社も追従してくることでしょう。それによって商品の価値は下がり価格競争に巻き込まれていくのです。

売上と利益を上げる方法②「新商品」

デビュー曲だけが売れて、その後は鳴かず飛ばずの「一発屋の歌手」がいます。会社経営も同様に、ヒット商品が出るとそれだけに頼って営業力を強化し販売していこうとします。その後、徐々に売れなくなってきて地方に進出していきます。ところが地方でも思うようには売れません。経費だけが膨れ上がり赤字になります。最初は売れなくてもそのうち地元に根づけば売れるはずとがんばります。しかし数年後、地方からは撤退します。そして会社はヒット商品が出る前の売上に戻っていきます。

こういう会社は非常に多いのです。なぜなら当社がそうだったからです（笑）。

こうならないためにはどうしたらいいかと言うと、絶え間なく新商品を作り続けていく必要があります。先ほどの商品の品質向上と同じくらい、新商品を作ることは非常に大切なことです。

発売を開始したときには飛ぶように売れたものでも、他社からも同じような商品が出て販売競争がはじまります。その後は徐々に価格を下げなければ売れなくなっていきます。そんなことになってから慌てて品質向上を行っても、なかなかライバル会社との差別化はできません。なぜならライバル会社も品質を上げて、価格を下げてくるからです。

もちろん新商品は一朝一夕にできるものではありません。入念な調査が必要な場合もありますし、新商品を作るためのスタッフも必要になるかもしれません。もちろんお金もかかります。

たまにおまけをつけたり、他の商品とくっつけて新商品が出ましたと言っている社長がいますが、こんなものは新商品ではありません。無駄なごみをパックにしてお客様に押しつけているだけです。お客様はそんなものは欲しくないのです。

新商品というのはデザインや色、目先を少し変えただけのような商品ではなくて、お客様がなるほどと唸るようなきちんとした商品でなければなりません。

事業の本質とは

会社の目的はものを売って利益を出すことです。そのため「お金になれば何でもありじゃないの」と言う社長もいます。しかし、そんな経営感覚ではいつか必ず会社は信用を失い倒産してしまうでしょう。会社経営とは事業の本質を突き詰めて考え行動することです。

私は事業の本質には3つの要素があると考えています。

その① 最高のものをお客様に提供する

ある経営コンサルティング会社の社長とお話ししたとき、具体的に何を提供しているのかをお聞きしました。しかしその内容は陳腐なものでした。私は少し嫌味っぽく「御社と契約すると会社は本当によくなるんでしょうか」とお聞きしました。するとムッとした表情で「契約しているお客様は毎月お金を払ってくれているんだから、満足しているんだと思いますよ」と言います。

事業の本質の一つ目は、最高のものをお客様に提供することです。そのためには日夜改良を繰り返し、お客様の満足度を愚直に向上させなければなりません。

事業の本質とは、売上を少しでも上げようと思いつきでキャンペーンを打ってみたり、前の商品とほとんど代わり映えのしない新商品を作りあげることではありません。もちろん、そんなハリボテの商品が長期間、売れるはずがありませんし、お客様はそんなものにずっと騙され続けるほどバカではないのです。

前著には詳しく書きましたが、これからは本物の時代です。昔は特定の地域にしか行き届かなかった地元の情報が、今や世界中に行き渡るようになりました。いいものが売れるとはかぎらないと言われた時代から、本物でなければ売れない時代に変化したのです。

事業とは「他社よりも圧倒的に優れた商品・サービスを作り続けること」なのです。

その② 商品への執念

「うちが売っているものは、他社でも普通に売っているものだから、そんなこと言われたって無理だよ」と言う社長もいると思います。果たしてそうでしょうか。

私の起業当時の話です。

会社を設立して2年ほど経った頃、前職の先輩からパソコン会計ソフトを売ってみないかという電話がありました。当時、当社は一つの注文で数千円しか儲からないフロッピーやトナーを売っていました。しかし先輩から紹介された会計ソフトは定価が20万円で、仕入値が12万円とのことです。一つ売っただけで利益が8万円というのは、当時の私には夢のようなお話です。ぜひ、販売させてくださいとお返事をさせて頂きました。

その後、先輩からよく話を聞いてみるとこの会計ソフトを売る販売店は当社以外にも全国に10社以上あり、大手の販売店も含まれていました。当社の社員は私しかいませんし、広告しようにもお金がありません。会社と言っても月末には数万円のお金しか残らないような零細企業です。とはいえ愚痴ばかり言っていてもしようがありません。私はこの会計ソフトを販売することにしました。

会社にはコピー機がないので夜中にコンビニで9時間コピー。DMを出すお金がないのでバイクで午前1時から3時までポスティングです。営業を開始してから3カ月後、ついにこのソフトが1本売れました。

メーカーへ注文し商品の到着を首を長くして待つ毎日。数日経ってからようやくメーカーからソフトが届きました。早速、開封してみると、茶封筒にフロッピーが入れられ、マニュアルは汚いバインダーに綴じられていました。

20万円のものを売ったのに、これではお客様に失礼だと思い、フロッピーには電気店で高級そうに見えるようにフロッピーケースを買いました。バインダーと箱は文房具屋で買った綺麗なものに移し替えて納品しました。その後、買ってくれたお客様のところには何度も足を運び、操作を教えに行きました。

しかしこれでは利益が出ません。そこで他の販売店がどうしているのかを聞くために先輩の会社に電話してみました。すると「井上くん、俺たちは販売店なんだからメーカーから送られてきたものをそのままお客様に送ればいいんだよ。操作説明だってメーカーがやるべきなんだよ。俺たち販売店は売るのが仕事なんだ。井上くんみたいなことしてたら、いくら売っても利益なんか消し飛ぶぞ」と言われました。

でも私は、私を信じて買ってくれたお客様にそれはできないと思いました。私はいい加減な性格なのですが。なぜか変なプライドだけは高いのです。

手間がかかるソフトでしたが、買ってくれたお客様から近所のお客様を紹介してくれたり、イベントに参加してみたらと声をかけて頂いたりして、徐々に売れ行きが伸びていきました。

そんなとき、前職の先輩からまた電話がかかってきました。

「井上くん、毎月コンスタントにソフトが売れているみたいだね。ところで、今度はもっとメジャーで利益額が大きい勘定奉行やエプソンのソフトを売ってみないか。こっちだったら今の何倍も利益が取れる。販売店なんだから何を売ったってメーカーは文句なんか言えないよ」

確かに今のソフトを1本売っても利益は8万円です。メジャーな会計ソフトなら利益は何倍にもなります。苦渋の選択でしたがこの誘いを私はお断りしました。たとえお金になったとしても今売っているソフトのライバル商品を売るのは、私の哲学に反するからです。また何でも屋になったら、誰からも相手にされなくなってしまうのではないかという「勘」もありました。

それから数年後、この会計ソフトのユーザーの8割は当社が販売したお客様になりました。当社が販売店ではなくメーカーだと思っているお客様もいるくらいです。

他社が同じものを売っていても、自社にお金がなくても、営業社員なんて誰もいなくても、誰にも負けない商品への執念があれば何でも売ることはできるのです。

事業の本質の二つ目は商品への執念です。

その③　社長としての倫理

ある人材開発会社は、エンゲージメントの指導、つまり従業員の会社に対する「愛着心」や「思い入れ」をアップさせ、社員が辞めない仕組みづくりや働きがいのある会社にするためのコンサルティングやセミナーを行っています。

こういうと聞こえはいい会社なのですが、この会社の離職率は非常に高く、社長はセクハラ、パワハラで何度も訴えられています。いわゆるブラック企業です。

ある日、知り合いの会社に、その人材開発会社の役員から売りたいものがあるという連絡がきて、担当部長がお会いしたそうです。どんな話かというと、一部の事業を社員ごとなるべく高い値段で売りたいということでした。「社員の方はそれをご存知なのですか」と部長が聞くと「知るわけないじゃないですか。会社の家賃も高くなったんで社員ごと売っちゃいたいんですよ」。

ここまでくると人材開発会社ではなくて人身売買会社です。社員は会社に入社したのであって事業部に入社したわけではありません。人をもののように売りさばく会社のエンゲージメントがまともなはずはありません。

会社が新規事業を立ち上げるというのはよくある話です。うまくいかなくて会社がM&Aされることもあるでしょう。しかし一部の事業を社員ごと売りさばくというのは、人間として許されることではありません。

事業の本質の三つ目は倫理。つまり、人として守らなければならない善悪を理解することです。これがなければただの犯罪者集団です。

原点回帰はできているか？

ファーストフード店のお話です。ある大手ハンバーガーショップに行くと20人ほどの行列ができていました。バックヤードを覗くと８名ほどいました。しかし注文をさばくフロントには１名だけです。嫌な予感がしました。

待つこと20分。やっと注文することができました。商品は５分ほどで手渡されました。トータルで25分です。牛丼店の券売機の前で20分待って食べたことはありませんよね。このハンバーガーショップは売上が低迷したためメニューをどんどん増やしていったのです。売上が下降する飲食店の共通点は、メニューをたくさん増やすことです。たいていの場合、店員が対応できず、さらに業績が悪化していくのです。

ファーストフードの本質はスピードなのです。高級レストランでも激安フード店でもありません。とにかく早くお客様に提供することが求められているのです。本質が間違った方向に行く会社は必ず業績が悪化、または倒産します。

２０２０年に「ステーキけん」を運営していたＭＳＦ（旧エムグラントフードサービス）が倒産しました。これは予測していました。なぜならこの会社の社長の本を読んだとき、「この人は本質がズレているから、いずれダメになるだろう」と思ったからです。

彼の本にはロードサイドの居抜き物件をいかに安く借りるか、どうやって店舗を拡大していくかということしか書かれていませんでした。

居抜き物件というのは総じて場所が悪いのが特徴です。であるのならば、いかにおいしいもの、サプライズがあるメニューを出すことができるのかというのが勘所です。しかし彼の本にはそういったことは一切書かれていません。また彼の店で食べたこともありますが、これといって印象に残る料理はありませんでした。

事業が軌道に乗っていくといつの間にか本質を忘れて、思いつきの一時的な売上に舵を取ってしまうことがあります。会社経営は、常に本質、哲学と照らし合わせ自問自答することが必要だと思います。

何をするために会社を経営するのか？

長いつき合いの社長と呑んだときのこと。彼は「今期は前年比20％アップ、売上30億円を目指します」と言う。そこで私は「何のためにですか。何をするためですか」とお聞きしました。社長はエッ？　という表情です。

これの何が悪いのか。いや悪くはありません。会社経営でお金を稼ぐことは重要です。ただお金というものは目標にはならないのです。お金というのは何かをするための手段です。だから何をするためなのか聞いてみたのです。

例えば、「お金を稼いで（↑手段）軽井沢に別荘を建てたい（↑目的・目標）」

これが手段と目標です。

「私の目標は社員を１００人にすることです」

これって何か違和感がありますよね。お金を目標にするというのはこれと同じなのです。

社長が陥りやすい間違った考え方

生産性を上げるとは？

生産性についてよく聞くのが「今まで1時間に100個しか作れなかったけど生産性が上がって150個作れるようになった」というような話です。

中小企業庁のサイトには、労働生産性は「労働生産性＝付加価値額÷労働量」と定義されています。労働生産性とは、「労働者がどれだけ効率的に成果を生み出したかを定量的に数値化したものであり、労働者の能力向上や効率改善に向けた努力、経営効率の改善等によって向上する」と書かれています。

これは大きな間違いです。生産性とは通貨（日本の場合は円）で表現しなければなりません。中小企業庁は公なので通貨で表現すると何も生産しない自分たちにとって都合が悪いからかもしれません。

生産性は「粗利益額÷労働時間」で表現するのが世界基準です。

ちなみに２０１８年の日本の時間当たり労働生産性（就業１時間当たり付加価値）は、４７４４円で米国は７５７１円です。

最初の話に戻ります。つまり生産性とは「今まで１時間に１００個しか作れなかったけど１５０個作れるようになったので利益が１００円増えた」という言い方が正しい表現方法です。

何が言いたいのかというと、いくら作業効率が上がっても売上や利益に反映しないものは生産性が上がったとは言えないということです。

例えば新しい機械が導入されても売上に変化がない、人件費が減らない、経費が削減されないのであれば生産性を上げたことにはなりません。単に効率がよくなったにすぎず、社員が楽になっただけで、会社には何のメリットもないのです。

現在のやり方を改善し、効率をよくするのであれば、生産性、つまり利益額がどれだけ上がるのかを考えてみてください。コンピュータシステムの見直し、ＤＸ化もいいでしょう。

先日、ＤＸ診断士とお話をしたら、非常に素晴らしい提案を頂きました。自社の問題点は当社のようなコンピュータ会社でさえ、なかなか気づかないものもあるのです。

「ビジョン」「ミッション」「バリュー」は必要？

ある社長が道を歩いているとランプが落ちていました。

ランプを拾い、こすってみると、なんと中からランプの精が出てきました。

「3つの願いを叶えてあげよう」

そこで社長は「当社のビジョン・ミッション・バリューを叶えて欲しい」とランプの精にお願いしました。

「社員の幸せを一番に考える会社にする」

「日本を一番元気にするリーディングカンパニーになる」

「お客様・パートナー・地域との Win-Win の関係を築く」

ランプの精は社長に聞きました。

「具体的にはどうしたらいいのだ」

するると社長はこう答えました。
「俺にもわからない。だから丸投げしたんだ」

経営コンサルタントはよく「ビジョン」「ミッション」「バリュー」をきちんと作らないと会社は成功しないと言います。ただ素晴らしい「ビジョン」「ミッション」「バリュー」がホームページに書かれていても、しょーもない会社やブラック企業がたくさんあるのはご存知のとおりです。そういった意味では、ビジョン、ミッション、バリューなんてなくたって会社は成功しますし、ダメな会社はどんなもの作ったってやっぱりダメです。

よくあるビジョン、ミッション、バリューはこんな感じです。

ビジョン：業界トップになる
ミッション：お客様に喜んでもらえる商品を作る
バリュー：社員を大切にする

こんな抽象的なものを作ったって役に立つことはありません。日本国憲法みたいなもので、いくらでも自分に都合よく歪曲できます。社員やお客様にもっとよくわかるように会社の方向性を具体的に書くべきです。とはいえ、この辺は専門家の先生方がたくさんいますのでお任せいたします。

私が言いたいのは「ビジョン」「ミッション」「バリュー」だけでは足りないものがあるということです。それは、社長も社員も自分がやろうとしていることに間違っていると気づくためのもの、やってはいけないことの宣言です。

それがフィロソフィ（哲学）です。フィロソフィがあれば「ビジョン」「ミッション」「バリュー」の暴走を防げるのではないかと考えています。

なお、フィロソフィは「肯定文」で書くと意味がぼやけてしまいます。「否定文」で書くと何かいい感じです。いくら作ってもいいと思います。

たとえ法的に問題なく、儲かる商売だとしても、

・人をいたぶる会社とはつき合わない
・人の上前を撥ねるような手数料ビジネスはしない

・人から陰口を叩かれるようなビジネスはしない

これが私のフィロソフィです。

それって事業？　金儲けですよね

おかげさまで著書が売れたこともあり、いろいろな社長が私のところに遊びにきてくれるようになりました。友達が増えるのは非常に嬉しいですし、遠方からこられる場合もあり恐縮至極なのですが、たまに「事業と金儲け」がごっちゃになっている人もきます。

社長「こういう仕事をしてまして……、ただ実は今度こういう商品を販売してくれないかと言われまして。今なら、この商品を右から左に流すだけで、手数料が入ってくるんですよ」

井上「それって金儲けですよね。事業じゃないですよね」

成功しない社長は自分の損得だけをいつも考えています。「この人と○○社長を結びつけたら途中でマージンが取れるかな」「この商品は●●社長が買ってくれそうだ。ここの代理店になって社長に売ろう」なんていうセコイことを考えています。だからいつも単発的で小さなお金しか入ってこない。こんなものはビジネスではなく、ただの金儲けです。

これはいけそうだ、これは旬の商品だとさまざまな仕事に手を出す社長もいますが、誰ひとりとして儲かっている人はいません。ビジネスで成功するというのは、そんなに簡単なことではありません。

仕事の上っ面だけを見て、あっこれなら私でもできると手を出す。しかし実際にやってみると、そんなに簡単なことではないと気づくわけです。

ビジネスというのは氷山のようなもので、皆に見えている部分は小さいけれど、見えない部分（海中）にはとんでもなく大きな知識や知恵、経験が埋もれているのです。

そもそも事業とは10年後も続けてまったく同じものを売り続けることです。事業はやればやるほどスキルも信頼も蓄積できます。業界内の友達もできます。ライバルも出現するでしょう。

本をたくさん読み、勉強も継続してやり続けなければなりません。売れなくて悩む日もあります。売れて幸福感に包まれることもあるでしょう。達成した喜びもあるでしょう。

しかし短期的に儲かる商売、例えば真剣にやる気のない商材や、たまたまきた物件を欲しい人に売るような商売は単なる金儲けでしかない。金儲けで蓄積されるのはお金だけです。信用も増えない、知識も増えない、友達も増えない。短期的なお金儲けですから、それについて深く掘り下げて勉強しようという気持ちも起こらないでしょう。

今まさに、あなたが売ろうとしているものは、命をかけても売りたいと思うものですか。これが金儲けと事業の違いだと思うのです。

誰も持っていないものが「強み」

起業家だけでなく、ある程度成功している社長も私のところに新規事業の相談にやってこられます。一番多いパターンが「当社の強みは、今まで蓄積されたノウハウと会員組織です。これらを活かして、新たにこういう事業をやろうと思うんですがどうでしょうか」というものです。しかし、「では、どんなノウハウなんですか、どんな組織なんですか」とお聞きしてもたいしたものは出てきません。

今までの経験上、会員が何万人いるとか、こんなに素晴らしいノウハウがあるとか、そういったことで新規事業がうまくいった例を私は一つも知りません。たとえ会員が何万人いても、ひとりひとりのお客様と深くコミットしていなければ、ただの烏合の衆なのです。また、当社はすごいノウハウを持っていると言う社長もいるのですが、本を何冊か読めばわかるような知識の人が多い気がします。こんな薄っぺらい知識で人を満足させることはできません。

では強みとは何かと言うと「自分以外、誰も持っていないもの」だと思います。多くの社長が自社の強みと言ってるようなものは、そもそも強みでも何でもないのです。

誰も経験したことがないようなことや、まだ誰も気づいていないビジネスについての圧倒的な知識、誰も近寄ることができないほどすごいノウハウ。これこそが「強み」なのです。

第４章

「商品の売り方」の心得

売れる商品とは

「にもかかわらず」があるもの

私は今までたくさんの新商品を成功させてきました。なんだ自慢話か。いえいえそうではありません。実は秘密があります。

私が成功したのは、商品の強みをアピールできるものしか扱わなかったからです。だから、もし「ウォーターサーバ」や「コピー機」を売って欲しいと人から言われてもお断りします。私では絶対に売れないからです。

私が売れるかどうかを判断する基準は何かというと、「にもかかわらず」と言える商品です。

関連会社でシークレットシューズの会社を立ち上げたときは「今までのシークレット

シューズは素材が合成皮革なのに高額で、なかなか一般の人が買える価格ではありませんでした。しかし当社のシークレットシューズは革製品にもかかわらず価格は今までのものよりずっと低価格になっています」というキャッチフレーズで販売しました。

当社のメイン事業だと「今までの無料会計ソフトはある一定期間を過ぎると有料になったり、便利な機能は有料になりますというものばかりでした。しかし当社の会計ソフトは無料にもかかわらず、すべての機能がずっと無料でご利用頂けます」と、こんな感じです。

「でも、うちで売ってるものはそんなに特別なものではないし」と言う社長もいると思います。ですが、肝心なのはお客様に与えるイメージです。

「当社は、中堅企業にもかかわらず大手企業並みのサポートと小回りの利くサービスを行っています。例えば……」。このように、たとえ商品がまったく同じでも、企業としてのサービスを変化させることにより他社との違いを作り出すことはできます。

それでもあなたが「にもかかわらず」という言葉を使えないものを売っているならば、営業力で戦うしかありません。誰よりもたくさん広告を出し、営業社員を大量に雇用し、密着営業で販売するという力技しかありません。

言うまでもなく、私ならこうした商品からは早々に撤退します。苦労しそうですし、そもそもそういうの面倒ですから。

「なぜなら」があればもっと売れる

すごく汚れが落ちる洗剤とか、受験に強い予備校、当社は業界ナンバーワンの経営コンサルティング会社です。こういった広告をよく見ます。ところがどうして強いのかナンバーワンなのかの理由がどこにも書かれていないんですよね。

理由が書かれていないものを人は信用しません。理由というのは「なぜなら」という言葉で表現するとわかりやすいと思います。

当社はナンバーワンの経営コンサルティング会社です。なぜなら、今までコンサルティングを行ってきた会社の99％が売上や利益を伸ばしているからです。

当社の魚はどこよりも鮮度が高い魚を販売しています。なぜなら、市場を通さずに産地から毎日トラックで直送しているからです。

お客様はバカではありません。根拠のない宣伝文句は誰も信用しないのです。

持ちものは価値観と見栄

シャーロック・ホームズではありませんが、見た目というのは相手を理解する上で非常に大きなファクターになります。私はよれよれのスーツなのに高級な腕時計をしている人を見ると「あっこの人は見栄っ張りなんだ」と感じます。ポロシャツを着ているＩＴ社長を見ると「この人は周りからスティーブ・ジョブズみたいな大物として自分を見てもらいたいんだな」と思います。とはいえ、人からよく見てもらいたいと思うのは人間として自然な欲求だと思います。

こうした見た目というのは持ちものや服装だけではありません。乗っている車や会社の場所なども好みを反映させます。

人がお金を出して買うすべてのものは、二つの感情によって左右されます。一つはもちろん「価値観」です。もう一つは何かというと「コンプレックス」や「見栄」です。

銀座に歯科医院を出したいという歯医者さんがいました。その歯医者さんの自宅を聞くと千葉県だそうです。

私は「歯科医院をやるなら東京じゃなくて地元の千葉県でやったほうがお客様はたくさんくると思いますよ。会社員がわざわざ地元から遠いところで歯を治療するとは思えないです」と言いました。しかしその歯医者さんは譲りません。「友達にはもう銀座で歯科医院をやると言ってしまいました」。その後、その人は素敵な歯科医院を銀座にオープンしました。言うまでもありませんが、その歯科医院はすぐに倒産しました。

人は価値観と見栄の間でいつも葛藤します。価値観とは自分が純粋に欲しいもの、見栄とは他人から見られる自分の姿です。「この車、カッコいいしスピードも出る。内装も最高だ」という価値観と、「でもこの金額出すならベンツが買えるんだよな」という見栄との葛藤です。

大きな車に乗っている人は自分を大きく見せたい、ワイルドに見せたいという欲求でしょうか。

また渋谷や六本木、銀座のようなおしゃれな町に会社がある社長は、周りの社長から素敵なオフィスですね、成功しているんですねと言われたいのかもしれません。

この価値観と見栄というのは、社長だけでなくすべての人に当てはまることです。ゆえに、お客様向けに新商品を作る場合には価値観だけではなく、見栄をくすぐる商品やサービスも考えてみるとおもしろいでしょう。

モノマネするならとことんやる

税理士をターゲットとしたコンサルティング会社で、「パクリの王様」と陰口を叩かれている会社があります。新商品はすべてモノマネ。他社からのパクリ。しかも、どこぞの国のドラえもんのコピー商品のようにできが悪い。周りから笑われても気にしない。できの悪いコピー商品を高額で販売するので、今では誰からも相手にされない会社になってしまいました。

ではモノマネは全部ダメなのかと言うとそうではありません。モノマネするなら完璧にモノマネすることです。そして本物よりも素晴らしいものを作る。精度が高く品質もいい。サービスが行き届き、機能が素晴らしい。本物を超えればそれはもうモノマネではないのです。

ここで重要なのは、モノマネするときには、相手のコンセプトもモノマネするということです。上っ面の見た目だけのモノマネはやはりモノマネに過ぎないのです。

昔、税理士をたくさん掲載した本をプロデュースしたことがあります。大変な売れ行きですぐに完売してしまいました。それを見て他社が同じような本を出版しました。しかしそちらの売れ行きはさっぱりだったそうです。なぜでしょうか。

それは私のコンセプトをモノマネせずに、上っ面だけをモノマネしたからです。私の本のコンセプトは「税理士の紳士録」、税理士のステイタスを上げる、でした。しかしモノマネした会社のコンセプトはおそらく「税理士の広告」つまり税理士がお客様を獲得するための広告本だったのでしょう。広告本にお金を払って買う人がいるとは思えません。

モノマネをするときには体裁だけでなく、その会社がどういう意図をもって作ったのか、なぜそう考えたのかということを十分に調査してから行うことが重要だと思います。

勘違いサンタが街を行く　マーケティングの限界

そのサンタクロースは毎年毎年、考えに考え抜いてどんな方法でプレゼントを届けたら子供たちが喜ぶのかを考えています。あるときは、子供たちを喜ばそうと煙突やトイレの窓から入りました。ときには床下に隠れて子供部屋へ忍び込みました。しかしいつも子供たちは喜びません。サンタは来年こそは子供たちを喜ばそう、どんな方法でプレゼントを渡したらいいのか、考えを巡らせます。

サンタは気づかないのです。自分が絶対の自信を持っているプレゼントが子供たちには受けないことを。子供たちが欲しくないものだということを。

さまざまなマーケティング手法やインターネット広告を駆使して営業している経営コンサルタントがいました。知名度の高い人とセミナーをしたり、異業種交流会に出たりしています。本も出版しました。しかしアポイントは取れるのですが、契約にはなかなか繋がりません。なぜ契約が取れないのでしょうか。

例えば新規開店のレストランが駅前でチラシを配るとします。チラシには「今なら半額」と書かれています。最初はお客様がたくさんきました。しかしその後、お客様はどんどん減っていきます。そこでまたチラシを撒きます。しかし最初のときほどお客様はやってきません。なぜでしょうか。わかりますよね「まずいんです」。

先ほどのコンサルタントも同じです。コンサルティングの質が低いのです。内容が価格に見合わないのです。

こういう人の困ったところは自覚症状がないということです。自分のコンサルティングや商品は素晴らしいものだと心の底から信じています。そのためまた同じことを繰り返してしまうのです。

「どうして契約に繋がらないんだろう。広告をネット広告に切り替えよう。もっと見込み客に会えるような場に出席しよう。セミナーの客寄せに有名な人を頼もう」となるわけです。

いくら素晴らしいPRを行っても、どんなに広告を出したとしても、マーケティングには限界があります。まずいものはまずいのです。どんなに宣伝しても誰も食べにこないのです。逆においしいものは宣伝しなくてもどこからか、おいしいという噂を聞きつけて食べにくるのです。

昔、よく言われたのが「いいものが売れるとはかぎらない」という言葉です。しかし今は違います。「いいものは必ず売れる」のです。昔はインターネットもなくもちろんSNSもありません。情報といえばテレビや雑誌を見るしかありませんでした。ところが今は情報が瞬時に多くの人たちに伝わるのです。

人間の習性なのかもしれませんが、いいものを見つけたときは自慢したくなりますよね。素晴らしい商品、おもしろい動画、みんなに知られていないおいしいお店など、いいものやおもしろいものは誰かに伝えたくなるものです。子供の頃の「最初に見つけたのは私よ」みたいな感覚です。

いくらマーケティングを駆使しても、ちんけなものは誰も買わないのです。逆にいいものは口コミだけで売れてしまう時代なのです。

お客様の購買意欲をかき立たせろ

ニーズ、ウォンツでは人は動かない

昔のマーケティングの本には「お客様のニーズを探れ」「お客様のウォンツは何か」と書かれていることが多かったと思います。しかし今ではお客様にニーズはなく、ウォンツも満たされてしまいました。では、もう何も売れないのかというと、そういうことではありません。

10年ほど前、税理士と一緒に相続のセミナーを行ったことがあります。親が高齢になる前に、今のうちから相続税の対策、節税を行いましょうというセミナーです。

当初はこうした「ニーズ」があると思い、全国で無料の相続対策セミナーを行いました。個別に質問したい人は年間3万円の有料会員になれば何回でも相談していい、というリーズナブルな価格を設定しました。無料セミナーの集客は順調で毎回20名以上の人が受講されました。質疑応答の時間にもさまざまな質問が飛び交い大盛況です。

ところがセミナー終了後、有料会員になってくれる人はひとりもいませんでした。まぁこういうこともあるのかなと次の会場へ。ここでもセミナーは好評でしたが、会員になる人はやはりひとりもいません。

年間３万円というのは個人には価格が高いのかなと思い、次のセミナーからは年間１万円に値下げしました。ところがそれでも誰も入会してくれません。えぇーい、もうこうなったら一生有効で１万円だ！　と価格を下げました。

結局、全国でセミナーを行ったものの入会してくれた人は誰もいませんでした。ニーズはあったんです。参加者も多かったですし、アンケートでも「知らなかった」「勉強になった」というものがほとんどでした。しかし、入会はしないのです。

そこで頭を切り替えて、将来の相続に備えるためのセミナーから、現実的に今困っている人をターゲットにしたセミナーに切り替えました。セミナータイトルは「３カ月以内になんとかしなければならない、本当に困っている人のための相続セミナー」という長いもの。個別相談料は無料ではなく、1回3万円です。高いからダメかなと思いましたが、意に反して多くの「本当に困っている人」が相続の相談にやってきました。

人間というのは、将来必ずくることであっても、未来のために「今」はお金を使いません。ギリギリ切羽詰まったときにはじめて動きだします。

水道トラブルの会社の磁石つきの小さなカードがよくポストに入っていますよね。水道が止まらないなどの緊急事態の場合、ネットでゆっくり見積もりを比較検討している場合ではありません。そのときに冷蔵庫のわきに貼ってあるこの小さなカードを見て電話するのです。価格は二の次です。

結局、ニーズやウォンツではなく、悩み、苦しみ、緊急のレベルにまで昇華してはじめて行動するのが人間なのです。

もし「夏休みの宿題を代わりにやります」というサービスを作ったら、夏休みの前半に申し込みは全然こないでしょう。中盤にも申し込みはほとんどきません。しかし夏休みの最後の1週間に集中して申し込みが殺到する気がします。悩みが深ければ深いほど、お客様はそれを解決するためにお金を払います。

痛みも同様です。電車の中でお腹が猛烈に痛くなった。耐えきれないほどの痛み。もしこのときに「この薬を飲めばすぐに治りますよ。ただ値段は1万円ですけどね。へっへっへ」と言われたらあなたはどうしますか。普段ケチな私でさえ、その怪しげな薬を「買います！」と言ってしまうと思います。

これと同様に、「この健康食品を毎日飲めば腰痛になりにくいですよ」という商品より、「今しか効きませんがこれを飲めば腰痛はすぐ治りますよ」という商品のほうが売れるのです。

あなたの会社で、みんなが抱えている悩み、苦しみを解決する商品やサービスを一度考えてみたらどうでしょうか。悩みや苦しみと言うと人生相談みたいなビジネスになってしまいそうですが、難しく考える必要はありません。大嫌いな部下をクビにしたい、売れる営業社員を雇わないと来月倒産する、担当者が突然辞めて請求も売掛金もわからなくなってしまった。こういうことも深刻な「悩み」「苦しみ」なのです。

人がものを買う3つの条件

広告業界で3位、新聞社系の広告代理店の営業の方とお話ししたときのことです。

「これから大手企業のテレビCMのコンペがありまして、プレゼンに行くんですよ」

「それはすごいですね。がんばってください」

「いや当社には絶対決まらないんですよ」

お話を聞くと、こういうことでした。いくら素晴らしい企画やプレゼンを行ったとしても結局は電通か博報堂に決まるんだそうです。

なぜかというと、もしCMの宣伝効果がなかったとしても電通か博報堂にしておけば、担当者が責任を取らされることはありません。しかし、それ以外の広告代理店に頼んで失敗した場合には、担当者が責任を追求される可能性があるということでした。

大手企業の担当者としては、他社との比較検討をしたという形を作らないと社内的に問題があるので、広告代理店各社に形だけコンペに参加してもらう（とは言いませんが）のだそうです。

人がものを買うときの条件には3つあります。それは、品質、価格、事情の3点です。わかりにくいのが「事情」です。簡単な話だと、高性能で価格は安いけれど家が狭いので大きな洗濯機は買えないなぁという事情です。

事情といっても「大人の事情」になるともっと複雑です。便利になったら会社に自分の居場所がなくなるようなものを担当者が買うかどうか。国民は喜ぶかもしれないけれど支持率が上がらないような政策を総理が行うかどうか。こういう相手の事情を考慮しないと、いくらいいものでも、いくら価格が安くても売れないのです。

BtoBで、商品を販売するときには、担当者の居場所や功績を考えて提案したほうがいいのかもしれません。

ブランドの最大値を決めておく

2020年1月現在、「いきなりステーキ」の売上が下がっているそうです。ずっと快進撃を続け、毎月数店舗ずつ新規出店してきた「いきなりステーキ」の失速ということで多くのメディアが報道しています。私はむしろ、今までうまくいっていたことが不思議でした。理由は二つあります。

まず第一は価格です。

飲食店というのは価格帯で二つのカテゴリーに分かれていると私は思っています。どういうことで二つに分かれるかというと、特別感があるかないかです。

私の場合1000円以下の毎日食べるランチなどは特別感のない食事です。しかし数千円だと特別感がある食事です。これは皆さんの感覚とほぼ同じだと思います。

「いきなりステーキ」の場合、すごく少食でないかぎり、価格は1000円以上になります。つまり特別感がある食事です。

特別感のない日常の食事の場合は、「おいしい」だけでも商売はうまくいきます。おいしい上に値段が安いわけですからお客様もお店に多くは求めません。1カ月に何回も足繁く通うこともあるでしょう。

しかし特別感のある食事、非日常の食事の場合、多くのことが求められます。おいしいのはもちろんですが、雰囲気、接客態度、居心地なども必要になってきます。自分だけでなく家族を連れて行くという場合の利用しやすさ、というのもあるでしょう。
もし牛丼の吉野家がとてもおいしいステーキの提供をはじめたら、お客様はくるでしょうか。たぶんダメでしょうね。あの雰囲気の中で、いくらおいしくても数千円のお金を出すお客様がいるとは思えません。

二つ目は、飲食店にかぎりませんが、特別感がある店は多店舗展開が難しいということです。

大量仕入れによってコストは下がるでしょうが、店舗を増やせば増やすほど、どんどん普通のお店になってしまうからです。当初、ブランド品のような扱いだったＧＡＰは今やユニクロと同じ普段着のカテゴリーです。特別感というのは数が少ないから特別なのです。だから店舗数のコントロールが必要になってきます。

スターバックスの飲みものの価格は一般的な喫茶店の２倍です。それでもなぜ人が集まるのかというと、おしゃれなイメージ、特別感があるからです。彼らはそのイメージを守るため、どこにでも出店するわけではありません。もしスターバックスがどこにでもある普通のお店になったら、わざわざ出向いて高い飲みものを買う人はいなくなります。グッチャエルメスが近所のスーパーで売られていたら、誰も買わなくなるのと同じです。

当初、「いきなりステーキ」で食べることにはおしゃれなイメージがありました。私もどんなにおいしいものが食べられるんだろうという好奇心で一度食べに行きました。おいしいとは思いますが、価格的に毎日食べられるようなものではありません。つまり「いきなりステーキ」は特別感のある食事なのです。

今、「いきなりステーキ」はどこにでもある普通のお店になってしまいました。小さなモールはもちろんロードサイドのコンビニの隣にもあります。もし今後も多店舗展開するのであれば、特別感はどんどん薄まり、1店舗当たりの売上もどんどん縮小していくと思います。

ビジネスには適正の規模というものがあります。

特別感のある店で集客力があるならば、多店舗展開などしなくても人はくるのです。むしろ店舗数を絞り、いつも行列ができているという状態をキープします。それがまた口コミになりお客様が増えていきます。

すごく長い行列ができるようになったとき、「近所」に1店舗だけ出店するのです。なぜ近所かというと、流通が面倒になることを避け、その地域にしかないという限定感を出す戦略を取るためです。

その方法では、なかなか売上が上がらないのではないか、ある程度で限界がきてしまうのではないかという質問をされそうです。答えはそのとおりです。

私なら売上が上がらなくなってきた時点でその飲食店は継続ビジネスとして売上アップを目指さずに、前年と同じ売上を目指して経営を続けます。そして徐々に売上が下がってきたときにお店を閉めます。

おいおい、それでは会社がなくなってしまうよという声が聞こえてきそうですが、そうではありません。違うブランドを作り競合店を出すのです。

ＬＶＭＨ（モエ・ヘネシー・ルイ・ヴィトン）は、ルイ・ヴィトンやセリーヌ、クリスチャン・ディオールなど多くのブランドを持っていますが、ブランドを統一させることなく個々に競争させています。購入する人にとっては、いったいどこの会社が経営しているかなんていうことに興味はないのです。

一つのブランドには限界があります。人の趣味や嗜好も千差万別です。時代の流れで飽きられてしまうこともあるでしょう。だからある一定数の顧客を掴んだら、次のブランドを立ち上げるのです。一つのブランドで世の中のすべての人を顧客にすることなどできないのです。

ある会社で働いていた派遣社員が突然こなくなりました。その派遣会社の役員は何度も何度もお詫びに行きましたが、担当者の怒りは収まりません。そんなとき、たまたま違う派遣会社からこの担当者に営業の電話がかかってきました。

「それはひどい派遣会社ですね。ぜひ、当社に仕事をお任せ頂けませんか」

早速、その派遣会社にきてもらい説明をしてもらったのは言うまでもありません。担当者としては今度の会社は信頼できそうだということと、金額が今までより少し安くなったこともあり、この新しい派遣会社に変更しました。

これ普通のお話に聞こえるかもしれませんが、実はどちらの派遣会社もオーナーは同じなんです。断られた派遣会社は契約内容から金額、担当者名まですべてを新しい派遣会社へ伝えていたんです。

安いものから高いものへシフトする

ユニクロの昔のテレビ広告（大阪のみ）は、太ったおばちゃんがレジの前でどんどん着ている服を脱ぎだすＣＭです。「ユニクロは返品自由なんだからこれも返品や！」という下品なＣＭ。その後は皆さんもご存知のように多色フリースやイメージ広告になっていきました。今では「高品質なのに価格が安い」というイメージが定着しています。

ＧＵも初期はただユニクロより安いだけの服でしたが、若者向けのおしゃれな服にシフトしていきました。

関東にあるレストラン「とんでん」「ステーキ宮」なども当初は安いファミレスでしたが、今では少しリッチなイメージです。

成功している企業の多くに見られる現象としては、価格を安いものから高いものへ何年もかけてじわりじわりとシフトしているということがあります。顧客層を徐々に上層に変えていったということかもしれません。

その逆に、当初価格が高かったのに、徐々にリーズナブルな価格へシフトしていって成功した会社を私は知りません。

今は成功している会社でも実は最初、安いものを求めるお客様に販売していたのです。もちろん社長としては高額な商品を気前よく買ってくれる人をお客様にしたいものです。しかし、最初は我慢して地道にお客様を増やして「売上基盤」を作ることが重要です。その後は、徐々に品質と価格を上げていき、顧客層を変化させていくことが成功する秘訣ではないかと思います。

現在の高額商品を売りながら、今よりも低価格の顧客層にもアプローチしたい、2階建ての価格帯を考えたいという社長もいます。

ある会計ソフトメーカーの話です。昔、その会社は個人事業者や小規模企業をターゲットにしていたのですが、いつのまにか有名なメーカーとなり、ユーザーのほとんどを中堅企業が占めるようになりました。そこで社長はもっと売上を伸ばすために、当初のターゲット、つまり個人事業者や小規模企業向けにもっと安い会計ソフトを新製品として販売することにしました。1年後、その安い会計ソフトをリリースしたところ、ソフトは飛ぶように売れ、販売数量はうなぎのぼりの大ヒットになりました。
ところがここで問題が起こりました。今まで売っていた会計ソフトのユーザー数が逆にどんどん減っていってしまったのです。結局、既存のユーザーまでもがその安い会計ソフトに移行してしまい、ユーザー数は増えたものの売上は下がってしまいました。

お客様というのは、たいして変わらないもの同士なら価格が安いほうに引き寄せられてしまうものなのです。商品ラインナップとして低価格、標準価格、高価格のものを揃える場合、標準価格のものをベースにそれより低価格のものと、ちょっと高級な高価格のものを作る会社が多いようです。でも私なら、むしろ今より高価格のものと、もっと高価格のものを出して商品ラインナップを揃えます。

クオリティが決まらなければ価格は決まらない

新規のビジネスや商品の企画をするときに価格を先に決める人がいます。

「今度の新商品は、当社のお客様の購買力から考えて3万円前後の価格にしよう。美肌を実現できますという商品かな。お客様はチラシのポスティングとテレアポで獲得することにしよう」。こんな具合です。

これの何が悪いのと思われる方がいるかもしれませんが、価格を決めてからスタートするビジネスはたいていうまくいきません。私は多くの新規ビジネスを立ち上げてきましたが、価格を先に決めたビジネスでうまくいったものはほとんどありませんでした。なぜかというと、価格が商品のクオリティを決めてしまうからです。

物販でもサービス業でもまず決めなければならないのは価格ではなくクオリティです。それも最高のクオリティを目指します。もちろん宝石や家のようにクオリティに上限がないものや依頼されて作成する特注品は別ですが、自分が考えうるかぎりお客様にとって最高のもの、最適なサービスをまず設計します。そこから価格をはじき出します。

次にそれが自社で販売できる妥当な価格か客層はどうか、販売ルートをどうするかなどを考えます。その結果、自社では無理と判断したらあっさりと諦めます。

「手頃な価格というのがあるよね」という声が聞こえてきそうですが、そうしたものはたとえ最初うまくいったとしても競合他社から、もっとクオリティの高い商品が発売されたり、同じクオリティでもっと安い商品が発売されたら終わりです。

手頃な価格でそこそこのクオリティの商品というのは、意外に売るのが難しい商品です。まずお客様の心を掴むための広告宣伝費が高くなります。強い営業部隊も必要になります。そして結果的に利益が薄くなってしまいます。だから私はやらないのです。

最高に高いクオリティの商品やサービスというのは、実は一番お金がかからないビジネスなのです。

クオリティは意識しないとどんどん陳腐化する

当初は売れていた商品も、徐々にお客様に浸透していくにつれてだんだん売れなくなっていきます。そこであなたは販売拠点を増やしていこうと考えます。多店舗展開や販売店戦略です。お客様としても近所にお店がある、サポートしてもらえるという安心感から売上が伸びていきます。

なーんて甘いことは起こりません（笑）。

販売拠点を増やしていいのは、すごく売れているときだけです。売上が下がってきたときに販売拠点を増やすのは赤字の増大に繋がるだけです。販売地域が広ければ売れる、営業社員を増やせば売れるというのは幻想です。多少売上は伸びるでしょうが、コスト負担が大きく結果的に利益はマイナスになります。販売店戦略を取ればコストは増えないのではと思われるかもしれませんが、販売店のフォローやクレームなどで、無駄な人件費がアップします。そもそも論ですが、自社で売上が伸びないものを販売店が売れるはずがありません。

ではどうしたらいいのかというと、やはり商品やサービスのクオリティを向上させるのです。

ただクオリティは意識しないとどんどん陳腐化してしまいます。今の時代は、ライバル会社はもとより異業種からやってくる商品とも戦わなければなりません。テレビ局のライバルは、今やテレビ局ではなくネットの動画になりつつあります。クオリティを上げるというのは一見地味で遠回りのように感じるかもしれませんが、いいものはやはり売れるのです。

２０２０年のコロナ騒動のときは、都知事が夜間外出を自粛しろと言っていたため夜の町は閑散としていました。当社のある秋葉原駅や神田駅の周りの居酒屋にはお客様はほとんどいません。私はこれならいつもなら予約なしは入れないような有名店で呑めるかもしれないと地図を片手にお店を探しました。店が見つかり外から店内を覗くと席は満席です。

結局、何があってもクオリティの高い店は繁盛し、ダメな店にお客様はこないのです。

市場と売り方

マーケットはいつか縮小する

会社経営で重要なのは未来を予測することと前著に書きました。その未来予測の中でまず最初に考えなければならないのは、自分がいるマーケットが将来どうなっていくのかを予測することです。もしマーケットが縮小すると予測するならば、1日も早く新しいマーケットへ移動することを考えなければなりません。

本書を出してくれている明日香出版社には恐縮ですが、あなたは出版社が今後どうなっていくと思いますか。

出版社の強みは本を書店に置いてもらえるということです。しかし今、次々と書店が倒産や撤退をしています。それに取って代わるようにアマゾンや電子書籍がどんどん増えています。今やネット広告により個人でも気軽に出版社になれる時代になりました。参入障壁がどんどん低くなってきたのです。そんな出版業界で本を作り、売っていくことは本当に大変なことになっていくと思います。

縮小していくマーケットには二つの問題があります。一つは、数少ない勝ち組に入れなければ会社が倒産する可能性があること。もう一つは、苦労の割に実入りが少ないということです。

拡大しているマーケットならたいした企業努力をしなくても、1の力で10の売上を上げることができるかもしれません。しかし縮小しているマーケットだと10の力で3の売上を上げることすら難しいのです。ゆえにマーケット内の他社も含めた会社の売上、利益が縮小しているのならば、そのマーケットからは、なるべく早く離脱することが必要です。

「離脱と言われたってどこに行けばいいのさ」という声が聞こえてきそうです。まったく畑違いの場所に進出して儲かるほど世の中は甘くありません。ヒントとしてはあなたのビジネスの周りで儲かっているものを探してみましょう。

私の例で言えば、当初フロッピーディスクを売っていました。その後、もっと儲かるトナーの販売に移行し、パソコンの販売、パソコンソフトの販売、ソフトメーカー、クラウドメーカーへと綱渡りをしてきました。もし当社が同じマーケット、つまりフロッピーやトナーなどを売る物販の業界にずっといたなら、すでに倒産していたことでしょう。

ダーウィンの教え

ダーウィンが言ったとされる「変化するものだけが生き残る」というのは、会社も同じだと思います。ただ、すべての会社が今やっているビジネスを、そのときどきの社会や経済の状況に対応したビジネスへ変化させることができるかというと、なかなかうまくはいきません。変化に失敗してしまった会社は間違った変化を遂げてしまった会社は倒産してしまうでしょう。

では、変化させることに成功した会社は、その後成功するのかというと、これまたそう簡単にはいきません。かろうじて会社は生き残れたとしても、変化だけでは会社は成長していけないのです。単にビジネスの平行移動に過ぎないからです。

成長には何が必要なのかというと、ビジネスを進化させることです。変化と進化を同時に行うことが必要なのです。これによって生き残ることはもちろん、新しい成功へと繋がっていくのです。

今までの顧客に新しいビジネスの顧客にもなってもらうことはもちろんですが、一見使えないようなもの、例えば業界での独特なルールや商習慣、人的ネットワークなども意外に新しいビジネスに役立ったりするものです。

ある会社が業界の競争に破れ、コピー機の販売会社に業務転換しました。コピー機の新規販売は、小規模、零細企業にテレアポして販売するのが一般的です。しかし、この会社は雑誌広告で商品を販売する会社だったので営業が苦手です。仕方がないのでコピー機の広告を独特のキャッチコピーで雑誌に掲載しました。それが大当たり。テレアポがリーチできない大企業からの問い合わせが殺到したのです。

すべてのビジネスは、同じ業界でも会社ごとに少しずつ違っています。でもすべてのビジネスは、まったく違う業界でもどこかしら似通っているものなのです。

中間業者が消える

今、問屋や市場、商社は事業の縮小や倒産が相次いでいます。

昔は、すべての商材が集中する問屋や市場に行かなければ、商品の仕入れはできませんでした。1軒1軒、供給者を回って仕入れていては非効率で商売が成り立たなかったからです。ところが今は国内のみならず、海外の商品でも供給者から直接購入することができます。価格も中間マージンがないために安く仕入れることができます。たぶん近い将来、中間業者、問屋と呼ばれるような会社はなくなってしまうと思います。

「そうか問屋は大変だな」と他人事のあなた。中間業者というのは何も食料品や物販だけではありません。自社物件を持たない不動産会社や携帯ショップ、保険代理店なども中間業者と言えます。

広く考えてみると出版社さえも中間業者と言えるかもしれません。出版社は出版社自身が著書を持つわけではないからです。人気のある著者ならば、著者自身がプロに依頼して自分が書いた文章を編集してもらい、電子書籍を扱ってもらえるサイトに登録すれば直接販売することができます。

つまり、中間業者とは自社オンリーの商品やサービスを持たないすべての会社ということになります。

リアルな店舗を持つ問屋や商社の代わりになるのが、比較サイトやまとめサイトのような情報系サイトとアマゾンや楽天のような販売系サイトになります。インターネットで情報を調べて供給者から直接購入する、というスタイルが今後どんどん加速していくのは間違いありません。

もしあなたが中間業者ならば自社オンリーの商品開発を今から進めていったほうがいいと思います。

売れないパターンを切り捨てる

当社の営業社員にいつも言うのは、無駄な時間を費やすなということです。そのために重要なのは、買わないお客様を早く見極めることです。

当社が昔、受託開発をしていたときの話です。

技術力が高いという評判もあり、多くの会社から開発の問い合わせがひっきりなしにきていました。私は1社1社、お伺いして社内業務を確認しアドバイスをしました。お客様からは「貴重なアドバイスをありがとうございます」「目からうろこです」とたくさんの喜びの声を頂きました。

ところが、その後見積もりを出してもほとんど決まらないのです。結局、NECや富士通、IBMの系列会社などに決まってしまうのです。いくら技術力があっても、「大人の事情」で中小企業には大企業からの仕事はやってこないのです。

それからというもの、私は知り合いの社長からの紹介でないかぎり受託開発案件はすべて断っています。

また社長が社員と会議してみんなの声を聞くというような会社の案件もたいてい決まらないので断っています。もちろん今も大手企業からこういうシステムを作れますかという問い合わせも多いのですが、よほど先方が本気でないかぎりメールや電話でお断りしています。

ちょっと思い出してみてください。すごく儲かりそうな案件、大手企業からの見積もり依頼って決まりましたか。ほとんど決まっていないんじゃないですか。あなたが受注した案件って、実は知り合いの社長からの紹介とか創業社長ではありませんでしたか。

自社のお客様が誰なのかは、顧客をよく調べてみるとわかります。今まで買ってくれた顧客のプロフィール、それこそがあなたがターゲットとすべき顧客の姿、「宝の山」なのです。

感情を害して勘定足らず

ある博覧会に出展したときのことです。

博覧会の終了後しばらく経って業者から、廃棄料という名目で3000円の請求書が届きました。よくわからない請求書だったので業者に問い合わせてみると会場内に当社がA4の紙を2枚置き忘れたそうで、その紙を廃棄する料金の請求とのことでした。当社のミスですからもちろん私はすぐにこの3000円をお支払いしました。しかし次年度からはこの業者に頼むことはありませんでした。博覧会への出展も取りやめました。彼らにとって数十万円の売上がこの３０００円で消えたのです。

お客様の些細なミスにつけ込む業者とはもうおつき合いしたくないという感情が、私の中に芽生えてしまったのです。

ちなみに当社の場合、たとえお客様のミスでも些細なものにはお金を請求したりしません。

別に私が人に優しい性格をしているからではありません。小さな金額でお客様の感情を害することは、長期的に見ると損になってしまうからです。「本当は料金がかかりますがいりませんよ」と言えばお客様もありがとうと言ってくれます。

何でもかんでもルールを作り、些細なことでお客様からお金をむしり取ろうとする行為は、その後に控えているかもしれない大きなビジネスを逃してしまう危険性があるのです。

感情というのは損得勘定で動くものでもなく、お金で動くものでもない一番厄介な人間的なものです。

たとえミスをしたとしてもお客様からいい感情を頂ければ、何か問題が起こっても前向きに捉えてもらえます。逆にお客様が会社に嫌な感情を持っていた場合、些細なミスでも大きな問題に発展することもあります。お客様の感情には細心の注意を払って行動したいものです。

ＰＲはいらない？

「井上さんぐらいになると、もう失敗なんてしないでしょ」と言われることがありますが、とんでもない話で今になっても失敗の連続です。

最近の一番大きな失敗は、会社のＰＲというものを軽く見ていたことです。フリーウエイジャパンは国内最大のクラウドメーカーです。ところがその知名度となると、悲しいかな同業他社のほうが名前が知られています。

ＰＲというものは売上と直結しない「宣伝」です。その上ＰＲ会社との契約は半年、１年単位で価格も決して安くはありません。もちろん効果があるなしにかかわらず料金が発生します。だから私はＰＲなんてバカらしいと、ＰＲ会社にはずっと依頼しませんでした。

しかしこれが大きな失敗でした。

結論から言います。会社はある程度の規模になったらＰＲ会社と契約するべきです。

会社の知名度を上げるというのは直接、売上には貢献しませんが、さまざまな場面で広告効果はあります。例えば大企業と契約しやすくなる、省庁や有力企業の集まる部会に呼ばれる、出資者を集めやすくなるなど、さまざまな場面で有効に働きます。特に年商数億円で売上が伸び悩んでいる場合には、カンフル剤として一度ＰＲ会社に依頼してみると、大きな効果が得られるかもしれません。

ちなみに私は２０２０年に記者会見を行い多くのマスコミの方がこられましたが、ＰＲ会社なしでは、たぶん誰もこなかったと思います。

気になるのが料金ですが、ＰＲ会社に依頼する場合に月20万円から１００万円程度、半年から1年契約というのが一般的です。高いと思うかもしれませんが、売れない営業社員をひとり雇うくらいならＰＲ会社に支払ったほうがお得かもしれません。

第5章

社長と社員の法則

社員採用と評価のルール

社員数が多い会社はいい会社？

社長同士で話しているとよく出てくるのが、「社員は何人いるんですか」という質問です。

世の中には社員数が多ければ多いほどいい会社、という感覚を持った社長がいます。確かにコンサートホールのような場所で数百人、数千人の社員の前で行うスピーチは、気持ちがいいと思います。

ただ、会社経営という目線から見ると社員数が多いというのは百害あって一利なしと言えます。

日本は米国のようにいらないから解雇、必要があるから雇うということができません。どんなにバカでも使いものにならなくても一生雇うのが基本です。つまり、ひとり雇うということは、１億円から２億円支払う覚悟が必要だということです。

目指すのは「無人化」

ある日、私の子供が自分たちだけで旅行に行きたいと言いだしました。親なしでは心配ということもありましたが、何事も経験。予約も子供たちにやらせました。

とはいえ支払いは私の仕事です。「お父さん予約したよ。カード決済よろしく」と言われサイトを見ました。とある大手旅行代理店のサイトでした。嫌な予感がしました。この会社はＩＴ化が非常に遅れている会社だからです。

支払い方法の画面で「カード支払い」をクリックすると決済画面ではなく、「ありがとうございました」というページに飛びました。どうも詳細はメールでくるようです。受信トレイを見ると、とても長いメールとＰＤＦファイルが二つ添付されていました。「ＰＤＦファイルに捺印後ＦＡＸしてください」と書かれています。家にはＦＡＸがないので、子供たちには「明日お父さんがやっておくよ」と言ってその場は終了しました。

翌日、会社でメールを開きＰＤＦを印刷しました。そして振込をしようとＵＲＬをクリックすると「キャンセルされました」というメッセージです。意味がよくわからずサイトを読むと「お振込はお申し込みの当日に行ってください」と書かれています。昨日の夕方の申し込みでそれはないだろうと問い合せ先に電話すると、「この電話は20秒で10円の料金がかかります」というメッセージが流れます。仕方なく担当者が出るまで電話を待ちました。数分話しましたが結局、「もう一度申し込みをし直してください」という答えです。

子供たちには違うサイトから申し込みなさいと言ったのは言うまでもありません。旅行代理店はＩＴ会社じゃないからと思われる方もいるかと思いますが、ネット専業の旅行代理店はすべて自動化されています。

逆にＩＴ企業で自動化されていない会社もあります。あるパソコンメーカーは料金支払い後３カ月経ってもサイトに納期すら表示されません。もちろん商品は届きません。電話して確認すると、後1カ月以上かかりますという曖昧な答えです。ＩＴ企業だからといって自動化に力を入れているわけではないのです。

当社のユーザーは36万社を超えていますが、サポートは数名で行っています。どうしてそんなことが可能かというと、数百の操作動画を作って誰でも見られるようにしているからです。操作に躓いても動画を見ればほとんどが解決できるようにしています。世間ではＲＰＡ（作業の自動化）がブームのようですが、私が目指しているのは自動化ではなく無人化、ＤＸです。

とはいえ当社も今はまだ自動化というレベルで、完全な無人化はできていません。ただサポートの人員は大幅に少なくすることはできました。サイトを見た、操作がよくわからない、困って電話がかかってくる、長いメールがくる。こうした人間がやらなければならない仕事を少なくすることが無人化へのスタートです。

無人化を目指すと売上が上がります。「わからない」とメールしてくる方はまだいいのですが、何のアクションも起こさず諦めてしまう人、いわゆるサイレントマジョリティを減らすことができるからです。

私自身もネットで買い物や予約をすることがありますが、何を言っているのかよくわからないサイトや、操作が面倒なサイトだと、途中で申し込みを諦めます。そんな苦労をしなくてももっと使い勝手のいいサイトはいくらでもあるからです。

自動化を飛び越して無人化を目指すというと何かお金がかかること、すごいことのように聞こえるかもしれませんが、たいした話ではありません。わかりやすい商品説明の動画やホームページの「よくある質問」も無人化と言えます。無人化とは、人間が携わらなくてもお客様がスムーズに申し込めたり、わからないことを解決させたりすることなのです。

えっ、営業の無人化ですか。それは当社もなんとかならないか模索中なのですが、なかなか結果が出ません（笑）。

優れた社員の数は売上と比例する

私の会社の設立当時の話です。設立して何年かは順調に右肩上がりで売上が伸びていきました。しかし売上が1億円を超えたくらいから、なぜかピタッと伸びが止まってしまいました。新製品を出したり、営業社員を増やしたり、広告をさまざまな媒体に出したりしましたがまったく売上が伸びません。前年とほぼ同じ売上という時期が10年も続きました。

あるとき、知り合いからの紹介で人を採用したところ売上がまた少しずつ伸びはじめました。

今まで１０００人以上のトップの方とお会いしてきました。その中には上場企業の社長や年商が数千億円の社長もいます。大成功している社長というのは、すごい能力やカリスマ性を持っていて、とんでもなく頭がいい方なんだろうなと昔は思っていましたが、意外なことに皆さん結構、普通の方なんです。際立って優れた方は私が知るかぎりひとりもいません。

ここからは私の仮説なのですが、一定規模を超えると社長の能力と売上はあまり関係ないのではないかということです。

業種にもよりますが、年商数億円までは社長の能力だけで達成できます。しかし、それ以上を目指すならば、優れた社員が必要になってくるのです。

当時の私の会社のように売上が足踏みしている状態ならば、優秀な社員を雇わないかぎり絶対に今以上の売上は見込めないと断言できます。

そう考えてみると社長がやるべき仕事が見えてきますよね。つまりある程度の規模になったら、あなたは優秀な社員を発見し雇うことが仕事になるのです。

しかし残念ながら中小企業が求人媒体に大きな広告を出しても、面接にくるのはよくて「普通の人」というレベルです。求人媒体で優秀な人がやってくるのは大企業や有名企業だけです。もし求人媒体で優秀な人を雇いたいなら今までの給与体系ではなく、優秀な人専用の特別な給与体系が必要です。

福利厚生も充実していて給与も高い、おしゃれな街のキレイなオフィスの大企業ではなく、福利厚生もほとんどない雑居ビルにオフィスがあるようなあなたの会社を選んでもらうには、それなりの給与や待遇が必要になります。

一番いいのが、「つて」や紹介です。

呑みに行ったときに誰か優秀な人を採用したいんだけどなぁと、多くの社長につぶやきます。もしかすると「そういえば、うちに営業にきている広告代理店の奴はレベル高いよ」という話が聞けるかもしれません。そういう人を紹介してもらうのです。

焦る必要はありません。会社が存続するかぎり、あなたは一生これをやり続けます。そして優秀な社員をひとりまたひとりと雇っていくのです。優秀そうに見えて実は普通だったという人もいるでしょう。そういう人は人事異動し、普通の社員の給与で普通に働いてもらいましょう。

優秀な社員というのは自分で考え行動する人間です。あなたにとって気に食わないことも言うでしょうし、たいていは生意気な奴です（笑）。しかしまずは彼らのやりたいようにやらせてみましょう。もちろん失敗もあるでしょう。それは大目に見てあげてください。優秀な奴の失敗は成長のための肥料なのです。

優秀な社員が増えていく度に、なぜかあなたの会社の売上が不思議なほど上がっていきます。成功している会社というのは社長が素晴らしいのではなくて、優秀な社員の数が多い会社だということなのです。

「ありがとう」と人から言われるような仕事に注意

人から頭を下げられるような商売を行っているような会社の場合、自社の社員の振る舞いには細心の注意を払わなければなりません。

行政でいうと税務署や市役所など国民からお金をもらうような部署の場合、応対はたいてい丁寧です。しかし年金事務所のようにお金を支払う立場の部署は、横柄な人が多い気がします。

病院の窓口や税理士事務所の職員なども人から頭を下げられる商売なので、お客様に横柄な態度を取る人が多くいます。我々は先生に対して頭を下げているのですが、こういう会社の社員は、自分が頭を下げられているのだと勘違いしてしまうのです。

日本人は慣習として先生と呼ばれる人に頭を下げる傾向があります。しかしそれは尊敬しているわけではなく、あくまで慣習でやっているだけで、感謝しているわけではありません。

大きな会社の社員だった高齢の人を雇う場合にも注意が必要です。

前職のときの話です。ある雑居ビルに入居していたのですが、そこの守衛が非常に横柄で入居者にいちいち文句を言います。後から聞くとその人は昔、上場企業の役員をしていて定年退職後、やることがないのでビルの守衛をやっていたのだそうです。サラリーマンは退職しても昔の栄光が忘れられません。そのためお客様に対しても自分の部下のように喋ってしまう人がいるのです。

通販やネットだけで販売している人を除いて、たいていの仕事は人と人とのコミニュケーション、対面商売になります。笑顔で優しく接すれば売れるというわけではありませんが、少なくとも横柄な態度でものが売れるとは思えません。

あなたが見えないところで社員がお客様に横柄な態度を取っているかもしれません。ご注意ください。

意外に困るいい社員

面接のときに変な奴や陰気な奴を落とすのは当然ですが、この人はいいなと思って採用したけれどたいしたことがなかったり、営業成績が振るわなかったという経験は皆さんもあるのではないかと思います。

もし社長が目をかけている「いい子」が、一番困った人だったらどうしますか。社長は気づいていないのかもしれませんが、取引先にお伺いしたときにいい人なんだけど困った人をたまに見かけます。

○陽気で3Kな社員

昔Jリーグにいたというその社員は、いつも陽気で気さくな人です。取引先の私にも優しく接してくれます。ブラジルにしばらくいた彼は社長からもかわいがられ、取締役にまで昇格しました。

ただ問題がありまして……

「気づかない」

「気にしない」

「気にならない」性格なんです。

他の社員から聞いた話だと、あるとき大きなトラブルが合ったにもかかわらず、そのことに気づかなかったために対処が遅れて大クレームに発展したそうです。その後も、それをたいして気にしていないために再発しました。

また怒られても気にならない性格なので、直そうともしない。だから毎回、同じようなトラブルが続いたのだそうです。社長も気づいていたようですが、ムードメーカーの彼を外すことをためらっていたそうです。

後日談ですが、その取締役はＬＩＮＥで社長に「今日、会社辞めます」というメッセージを送り、その日からいなくなってしまったそうです。その後、この取締役に会った人は誰もいません。

○言われたことはきちんとやるいい子

ある会社のシステムを作ったときのことです。担当の社員はすごく真面目できちんとした性格。私が質問したことにも的確に答える人でした。上司から言われたことはきちんとやるため、上司からも信頼されていました。もちろん他の社員からの評判も良好です。その後、その人は昇進し課長になりました。

数年後にシステムの改修をしたいという連絡があり、その会社に行くと何だか雰囲気が変な感じです。当時、担当していた社員の周りの人は昔どおりでしたが、その社員の周りの人は何か不満げな対応です。どうしてなのかそっと聞いてみると、「あの人は言われたことだけをやるんです。だから私たちがこうしてみたらとか、新しい提案をしてもすべて却下されるんです。『そんなことよりこれやってください』としか言わないんです。役員から言われたことだけをやるロボットなんです」。

確かに、それでは会社が伸びるはずはありません。周りの社員もやる気がなくなるわけです。

社長として難しいのは、言われたことをちゃんとやる社員がかわいく見えることです。しかし社長はこういう社員、言われたことだけをきちんとやる人を評価しては絶対にダメです。会社が伸びるには、「どうしてですか。理由を教えてください」「こうしたほうがいいと思います」。こんなことを言う面倒くさい社員が必要なのです。言われたことをきちんとやる人には給与で答えてあげましょう。絶対に昇進させてはいけません。

言われたことだけをきちんとやる人を昇進させて、部下をつけることは会社の成長を止めてしまう可能性があるのです。

会社を任せられない頭のいい子

私と先方の社長と社員、３人で打ち合わせをしたときのことです。先方の社長と同席したのは非常に頭のいい社員の人でした。話し合いが行き詰まると、話をテキパキと整理してくれます。話が終わりエレベーターホールで社長と２人だけになりました。そのときにふと、社長は「最近の頭のいい奴はたいていあんな感じになっちゃうんですよね。だから彼には会社を任せられないんですよ」と一言言いました。私も「そうですね」と返しました。

彼には何が足りないのか。それは「気さく力」です。ざっくばらんに相手と話ができる能力です。気さく力は雑談でわかります。

雑談と言うと野球の話題や天気や景気の話を連想されるかもしれません。しかし、気さく力の強い人の雑談は違います。自分の話をするのです。もっと詳しく言うと、「自分は知っているけれど相手はたぶん知らないだろう雑談」をするのです。

頭のいい人は効率よく、重要なことを整理し伝えることが得意です。それ以外のことは無駄と考えます。やることは間違っていないので社長は文句を言うこともありませんが、何かいつも違和感を覚えています。その違和感が実は、気さく力の無さなのです。

気さく力が強い人は「自分の知っているレアな情報を相手に教えることにより、相手から情報を引き出す能力」を持っています。

情報と言っても、自分の話、例えば「僕が飼っている犬は日本スピッツなんですよね」というような些細な話でいいのです。ようは自分を知ってもらうこと、警戒心を解いてもらうことが重要なのです。人は相手がどんな人かわかってはじめて胸襟を開くのです。

頭のいい社員には、この気さく力を身につけさせ、会社を任せられる存在に育てていくのが社長としての務めだと思います。

やっぱり社員評価は難しい

社員を正しく評価することは、社員のやる気を引き出し、会社の業績を上げるために非常に重要です。……このような話はよく聞きますし、これを商売にしている有名なコンサルタントの先生もいます。

もちろん当社でも社員の評価を行っています。ただ大きな声では言えませんが、私は「それって本当はどうなのよ」といつも思っています。

何かの本で読みましたが、紀元前に書かれた手紙で、兵士が自分の評価に対して不満をもらしているものが見つかったそうです。そんなに大昔から抱えている大問題に、明確な解決法があるとは私には思えません。

評価をする目的は言うまでもありませんが、「もっと仕事をがんばってもらいたい」ということです。高い評価をもらった人は自分が認められたと喜び、もっともっと仕事をがんばります。評価が低かった人は自分の問題点に気づき、反省して仕事に取り組みます。

とまぁ、これが理想なんですが、世の中そんなに甘くない。

高い評価をもらった人間は、そんなの当たり前だよ。周りのバカと一緒にするなよと思います。一方評価の低い人間は反省もなく、なんだ社長は俺のことわかってねーな、努力するだけ無駄だなと腐るのです。

そう考えてみると社員評価なんていうものは、みんな一緒でいいのかなという気がしています。むしろ年度末に決算賞与のときに、社長の好き嫌いで10万円、20万円配るのも一つの方法かもしれません。みんながもらえる一律なものより、突発的なお金のほうがありがたみがありそうな気がします。

社長と社員の関係性

社員にとって大切なことって？

先日、娘と一緒に大手ドーナツチェーン店に買い物へ行ったときのことです。そのときは新しいポケモンソフトのフェアをやっていて、30人ぐらいがすでに並んでいました。先頭を見るとレジが3台あり店員も5人いたので、そんなに待たずに買えるかなと思い私たちも列に並びました。しかし、なかなか列が前に進んでいきません。結局、買い終わったのは1時間後です。

なぜそんなに時間がかかったのかというと、レジは1台しか動いていなかったからです。残り2台のレジの前では、3人の店員が1枚のレシートを見ながら話し合っています。

社長にとって一番大切なことは、お客様に喜んで頂きお金を使って頂くことです。では社員も同じかというとそういうわけではありません。先ほどの例で言うと、店員にとって一番大切なことは店長に怒られないことです。レジが間違っていたら彼らは店長に怒られる可能性があります。だから彼らは真剣に話し合っているのです。お客様をほったらかしにして。

我々社長にとって、そんなレジの打ち間違いなんてどうでもいい。早くお客様を待たせないようにしろと言うでしょう。しかし店員にとってはレジの打ち間違いのほうが、お客様を待たせるよりもずっと重要なのです。

こういったことを回避するには会社にとって一番大事なことは何かについて社員と何度も何度も話し合い、何度も何度も同じ話を繰り返します。そして、もう聞き飽きたと言われた頃、ようやくわかってもらえるものなのです。

王様の感覚を身につける

ある程度会社が大きくなってくると、社長が身につけなければならないことがあります。

それは「王様の感覚」です。

会社が小さいときやサラリーマンだったときには、いろいろな社員の文句や相談を聞いてそれぞれに対応してきたと思います。「Aさんからこんなことを言われて傷ついた」「Bさんは仕事ができないのに部長は贔屓している」という細々した話です。

ある会社で、部下と性格が合わないので違う人に変えて欲しいと社長に言いにきた課長がいました。仕事ができる課長からの要請だったので、社長は気軽にあいいよと部下を他の部署へ配置換えしました。

それが大問題に発展しました。配置換えされた部下は、不当な配置換えだ、パワハラだと社員全員にメールを送りました。社長はみんなのやる気を失わせたと大合唱になりました。ちなみに配置換えを要請した当の課長は知らん顔です。

社長は王様です。王様がいちいち細かい話に首を突っ込むことはありませんよね。いい話も悪い話も社員の話は7割程度に聞いておきましょう。「そういうこともあるんだな。へーっ」でいいのです。この手の社内の人間関係トラブルはエンドレスです。

自分が悪いとは思っていないのが人間という生きものです。呼び出して正そうとしても反発されるだけです。自分は悪くないと思っている人を改心させることはできません。

ではスルーしていいかというと、そういうわけではありません。必ず記憶しておくのです。特にパワハラのような場合には他の社員も被害にあっている可能性があります。どこかのタイミングで人事異動や退社を促すのです。

社員から信用される社長① 公平である

創業者というのはたいてい、会社の仕事をすべてやってきているのであまり当てはまりませんが、2代目社長やサラリーマン社長の場合、たいてい自分がいた部署の人間をかわいがります。営業出身であれば営業の社員、総務出身であれば総務の社員です。

自分がいた部署のことはよく知っていますから、その中で仕事ができる人はよくわかります。だからその人を昇進させたり、賞与を多くしたりするのですが、他の部署の場合は粗ばかりが目立ちます。だからいつまで経っても、他の部署の人は昇進することがありません。

ある会社の社長は技術職から社長になりました。その会社で部長以上が集まる会議があり、私もアドバイザーとして出席しました。そのときに名刺を交換すると営業社員のほうがずっと多い会社にもかかわらず、技術職の部長が８名に対して、営業部長は２名しかいませんでした。

ここまで極端ではなくても社員に対しては昇給、昇格、賞与、賞罰はすべて公平でなければなりません。「あいつは社長に気に入られてるから怒られないんだよな」「たいした仕事はしていないのにあの人だけいつも評価が高いんだよな」と思われたら、社長としては終わりです。

とはいえ、完全に公平というのは難しいものです。だから自分は社員に公平だろうかと常に意識して行動することが重要です。

社員から信用される社長② お金にキレイ

ある会社の社長はお金に汚いことで有名です。いつも自分のお金のことだけを考えています。

10年程前、朝礼のとき「みんなも知っているように売上が徐々に下がっている。このままだと会社が危ないので今回の賞与は無しにします」と伝えました。社員も売上が下がっているのを知っているので、仕方ないなぁと諦め顔です。

しかし1カ月後、社長はポルシェ、弟の専務はBMWを購入したそうです。そして今、当時より売上はずっと下がってしまい、会社の規模は3分の1になりました。でも今、社長はロールスロイス、専務はベントレーに乗っているそうです。

創業者ならはご存知だと思いますが、世の中には非常にケチな人、お金を払わない人はすごく多いのです。

昔の話ですが、半年ごとにコンピュータを買う社長がいました。その社長は請求書がきてもお金を支払わず、半年ほど経ったところで難癖をつけて返品します。そして違う会社からまた新しいコンピュータを買います。これをずっと繰り返しています。だからこの会社にはいつも新しいコンピュータが設置されています。

ここまでひどい社長は珍しいですが、何かうまいことやってお金を儲けようとか、こうすればお金を払わなくて済むということを常に考えている社長もいるのです。

社員はそういう社長をよく見ています。そして次は我が身だと思っています。会社にとって、無駄な経費を削り利益を増やすことは重要なことです。しかし、それはセコイことや社員を苦しめて利益を出すことではありません。ましてや自分の役員報酬を増やすことでは絶対にありません。

社員から信用される社長③　社員との約束を守る

ある社長は米国に支店を出すことを決断しました。

はじめての海外進出なのでよく知らない外国人を支店長にするのは不安だった社長は、営業部長に1年間だけ米国へ単身赴任してくれと辞令を出しました。子供もまだ成人に達していない部長は迷いましたが、1年だけならと米国の支店長になりました。そして5年後、部長は辞表を出しました。米国から。

ある部長は社長から「お前を取締役にしたいんだが、大学卒じゃないから取締役にはできない」とずっと言われ続けていました。そこで部長は一念発起して夜間の大学に通いだしました。そしてついに卒業。部長は意気揚々と社長室に行き「○○大学を卒業しました」と社長に告げました。社長は「それはおめでとう。それで要件は何？」と聞き返しました。

社長は忘れている約束かもしれませんが、社員は必ず覚えているのです。

社員との約束だからと適当な約束をしていませんか。たとえ口約束だったとしても自分に不利益になることでも社外、社内問わず約束は必ず果たさなければなりません。約束を守るのは社長としての絶対条件です。

社員教育とビジネス

社員教育は必要か？

社員教育をきちんとやっている会社の社長に成果はどうですかと聞くと、皆さん口を揃えて「ダメですねぇ、思ったようにはいかないものですね」と返答されます。

そもそもできる社員というのは何も言わなくても、何かしてあげなくても勝手に伸びていくものです。逆にダメな社員には何回同じことを言ったって、いくら仕事を教えたって、成長することはほとんどありません。

では社員教育が不要なのかというと、そういうことではありません。必ず必要なことです。なぜならできる社員というのは、ほんの極小数、１００人にひとりか２人いるかいないかという稀な存在なのです。だからできる社員を採用できるまでずっと待ち続けていても、あなたの会社にきてくれる可能性は非常に低いのです。特に零細企業の場合、できる社員が入社してくるなんてことは絶望的です。

あなたに求められているのは、何回も何回も仕事のやり方を教え、何度も何度も同じ話を繰り返すことにより、できない社員をほんの少しだけ伸ばすという仕事です。そうすると「10段階で4の社員」が「5」くらいにはなります。社員教育をすることによって「8」のレベルにまでアップさせたいと考えるから、先ほどの社長の返答のように「ダメですねぇ」となるわけです。

優秀な社員がくるのを待ち続けるより、「5」の社員でも経営できる会社を目指すほうが現実的です。

一番はじめは喋り方

派遣会社のお話です。ある新入社員の口癖は「かね」です。

お客様「今日くるはずだったチラシ配りの人、ひとり少なかったぞ」
新入社員「大変申し訳ありません」
お客様「それで明日はどうなんだ」
新入社員「では明日は人数をひとり増やして対応させて頂きます」
新入社員「それでいいかね」

中途入社も含めて新入社員を教育するときには自社商品の説明や業界の話、社内ルール、あいさつの仕方、電話の受け答えなどあらゆることを一から教えることになります。しかし、さまざまな教育の中で、一番重要にもかかわらず、教えられていないのが「喋り方」です。

人と話すという行為は、相手に内容が伝わればいいというものではありません。雑談は別として、話すという行為は相手に何らかのアクションを求めることです。言い換えれば相手を動かすために喋るのです。

それほど重要なことなのに、「喋り方」を会社では教えません。世の中には、社会人になる前に身につけなければならないことを身につけずに大人になってしまった人もいるのです。だから喋り方を教えることが必要なのです。

目上の人に向かってため口、例えば「うん」とか「はぁ〜」という言葉は言ってはいけないのです。普段からこういう言葉を使っている人は、お客様のところでも必ず出てしまうのです。

社員教育の一番はじめは「喋り方を教える」ことだと思います。

自社の社員のレベルに合った仕事を選ぶ

普通、会社というのは社長のやりたいこと、社長のビジネスに合った人を雇うのが普通です。しかし、どうもそれだけではないようです。

昔、複写機販売会社の社長に「今のビジネスの延長線上で、こういうビジネスを追加したら売上が伸びるんじゃないですか」と進言したことがあります。我ながらいい提案だと思ったのですが、その社長は「井上さん、それは難しい。当社の社員は言われたことだけ、マニュアルに書いてあることだけしか喋れないんです。そういう社員しか当社にはいないんです」。ちなみにこの社長は原子力研究所で研究員として働いていたことがあるすごく頭のいい人です。

そんなことはないだろうと私がビジネスの陣頭指揮を執り、新しい商材の販売を開始しました。しかし、その社長の言うとおり社員は言われたことだけしかできません。トークはもちろん、お客様からのさまざまな質問に対する回答集も作りましたが、覚えることができません。結局、新規商材の販売は中止しました。

この社長は自社の社員ができること、できないことを明確に理解していたのです。

その後も、この会社は簡単なことだけを、繰り返し繰り返し電話で喋り続けるビジネスだけを続け、社員が１００人以上の大きな会社に成長しました。

頭の悪い社員に無理をさせるのではなく、背伸びをせずに自社の社員のレベルに合った商売だけをひたすらやり続けるというビジネス手法もあるんだなと感じました。ビジネスというのは本当に奥が深いです。

それって本当に行われていますか？

お客様が増えているガソリンスタンドを数店舗、経営している社長がいました。社長にお客様が増えている理由を聞くと、「当社はガソリンを入れるとティッシュを1箱配っているんです。それがお客様に受けてリピーターが多いんです。ガソリンの値段を1リットル1円下げるよりも1箱ティッシュをもらったほうが得だということを皆さん知ってるんですよ」と言っていました。

しばらくしてその社長が経営する系列のガソリンスタンドで、私は何回かガソリンを入れましたが、ティッシュをもらったことは一度もありません。

あるとき、社長にそのことを伝えると社長はすぐに1軒1軒ガソリンスタンドに電話をかけ出しました。そして数分後「井上さん申し訳ない。半分の店舗ではティッシュを配っていませんでした。担当者が引き継ぎせず退社したり、部署が変わったりしてサービスが徹底していませんでした。お恥ずかしいかぎりです」と頭を下げました。

こうしたことはよくある話です。社長がきちんと決めたことでも時間が経つにつれて、社員の頭からは徐々に忘れ去られていくのです。

この会社の場合、ティッシュを配るというルーチンワークを忘れてしまう社員と、ティッシュを送って欲しいという連絡がないことを不思議に思わない社員の問題です。

中小企業の場合、悲しいかな優れた社員は入社してきません。ですから社長は常に何度も何度も同じ話をし、現場で決めたことがきちんと行われているかどうかを定期的に確認するべきなのです。

自社の番頭に注意

経営者として人間として尊敬されている社長がいました。その社長はさまざまな事業を展開していますが、子会社が多くなったため、不採算の会社の整理を番頭役員に頼んだそうです。

あるとき、子会社の一つの社長が私のところに連絡してきました。

「井上さん、ひどいんですよ。番頭役員が子会社を資本金の金額で買い取れと言ってきたんです。私が去年から引き継いだ会社は、親会社の社長が資本金を全部使ってしまい、お金はゼロ。事業を一から構築しなさいと言われて、ひとりでがんばってきました。それを突然、子会社を整理するから資本金の金額で買い取れと言われたんです」

私も系列会社を整理したことはあります。成功してお金があり、儲かっている系列会社の社長に「そろそろ自分の会社にしたらどうだ。俺の資本金が入っていると後々面倒だろ」と言ったことはあります。もちろん返してもらったのは本人に現金で渡したお金に関してだけです。自分自身が使ったお金を他人に請求するなんて考えてみたことはありません。

本人が1円も使ったわけではない債務超過の会社を押しつけて、資本金の金額で買い取れとはあまりにひどいので、番頭役人に「登記にかかった費用分を支払えと言われるならわかりますが、社長自身が債務超過にした会社を出資金で買い取れとは意味がわからない。社長の名前に傷がつきますよ」と電話しました。

しかし結局、子会社の社長は泣く泣く資本金の全額を支払いました。「自分が使ってもいないお金を払わされるくらいなら、自分で会社を設立するんだった」と嘆いていました。

その後、このことが周りの社長の知るところとなり、みんながっかりです。あの人はいいことばっかり言っていたけど、守銭奴だったんだね。器の底が透けて見えるっていうのはあの人のことを言うんだなと、評判はガタ落ちです。

もしかするとあなた本人が知らないところで、番頭があなたの評判を下げているかもしれません。自分の名誉に関わりそうなことは慎重に行ったほうがいいと思います。

社員は何も言わず辞めていく

ある会社の東京事務所は雇っても雇っても、皆1週間足らずで会社を辞めていきます。社長が番頭になぜこんなに辞めるんだと問い詰めると、「申し訳ありません。すぐに辞めてしまうようないい加減な人間を見抜くことができなかった私の責任です」と頭を下げます。社長はまぁ今の人は仕方がないからなと番頭を労います。

ところが他の社員に聞いたところ、この話は全部ウソ。

番頭は新しく入った人に何も教えず仕事を押しつけ、できないと怒りだすそうです。社内に社長がいないときは、社長の悪口を大声で喋ります。社長が社内に戻ると社長のゴマすりです。

悲しいかな何も知らない社長は、自分の言うことをよく聞く番頭をかわいがります。だから社内の雰囲気は最悪です。それが嫌でひとりまたひとりと社員は辞めていきます。

社内の人は番頭を社長のナンバー2だと思っています。だから面と向かって番頭に文句を言うことができません。社長に告げ口をしても社長は番頭をかわいがっているので、逆にウソをついていると言われてしまうかもしれません。だから誰も本当のことを言わないのです。

第6章

いろいろな社長とのつき合い方

つき合うと損する社長たち

その① 社会貢献が口癖の社長

たまに「社会貢献」という言葉を使う社長が私のもとにやってきます。

社長「私はこれこれしかじかの仕事をやっておりまして地域の人にも喜ばれています。
　この事業は社会貢献事業なんです」
井上「じゃあ儲からなくてもやるんですね」
社長「いや、その場合には撤退します」
井上「じゃあ社会貢献じゃないですよね」

汚い商売をやっている社長に多いのが、いちいち「僕の事業は社会貢献」と言う社長です。

復興支援、困っている人を助けたい、中小企業を応援したい、日本を元気にしたいなんていう人も同じ仲間です。こういう人にかぎって、儲からないと彼らの言う社会貢献からすぐに撤退します。

事業で喜ぶ人がいればすべてが社会貢献になるのであれば、世の中のビジネスはすべて社会貢献になってしまいます。

パチンコは高齢者の憩いの場と言えますし、キャバクラはサラリーマンの鬱憤を晴らす場所です。カラオケだってストレス解消の場所です。しかし彼らは「自分の商売は社会貢献なんです！」とは言いません。

最近は志もないくせに、いちいち社会貢献と言う偽善者ヅラした社長が多い気がします。商売なら儲からなかったら撤退するのは当たり前の話です。しかし社会貢献という言葉を使ったらまた別の話になります。言葉というものには責任が伴います。社会貢献という崇高な言葉を使うのならば、その責任も取らなければなりません。儲からなかったら撤退するような事業は社会貢献ではありません。

その② 決めない社長

隊長！　敵が攻めてきています。撃ちますか。
いやまだ早い引きつけて撃て。
隊長！　そろそろ撃ちますか。
いやまだ早い引きつけて撃て。
隊長！　敵が陣地に攻め込んできました。
そうか。なら撤退だ。
今回、何が問題点だったのかこれからみんなで会議だ！

とにかく決めない。なぜか決めない。いつまでも決めない。聞くといつも考え中ですと言う。１年経っても考え中ですと言う。

前職でのこと、ある月の売上が芳しくなく、営業所長が営業社員を全員集めて訓示をしています。「今月、○○営業所は大型の１０００万のコンピュータを3台決めた。●●営業所は端末の１００万円のコンピュータを20台も契約した。それがどうだ、うちの営業所は全然売れてないじゃないか」と営業所長はご立腹です。

そのとき、ひとりの営業社員が所長に向かって聞きました。「では僕たちはどっちを売ればいいんですか」。すると営業所長は少し考えて「うーん。どっちも売れ！」と言いました。

たまに方向性を決めない社長がいます。先ほどの営業所長であれば笑い話で済みますが、社長が会社の方向性を決めないのでは社員はどうしていいかわかりません。間違ってもいいのです。まず方向を決めることです。

もし間違っていたら途中で変えればいいのです。簡単な話です。間違うのを恐れて方向性を決めないほうが会社にとって危険なのです。

逆に社員に強く言えないという社長もいます。もし嫌われたらどうしようと思うのかもしれませんが、会社は民主主義ではありませんし、学校でもありません。全員が反対しても社長はやりたいことをやればいいのです。社員もそれを望んでいるはずです。

その③　やることが遅い社長

私が事務局長を務めている一般社団法人フィンテックガーデンという団体が、「フィンテックアワード」というコンテストを行ったときのことです。フィンテックアワードは国内の最高技術を持った開発会社たちが競い合うコンテストです。

コンテストが終了するとすぐに、入賞した会社から「コンテストのときの写真が今日欲しいんですが、頂けますか。明日プレスリリースを流したいんです」と事務局に連絡がありました。

逆にある会社は2週間経ってようやくプレスリリースを流しました。後者の社長に「どうしてそんなに時間がかかったんですか」と聞くと、「お盆に夏休みをとっていなかったので今の時期にみんなで夏休みをとっている」というお話でした。

言うまでもなく前者は売上が伸びている会社で、後者は売上が低迷している会社です。

せっかく素晴らしい技術を持っているのに社長のおかげで台無しです。

ダメな社長というのはとにかくやることが遅い。できる社長かどうかはメールやＳＮＳでメッセージを送ってみればすぐにわかります。できる社長は当日中に必ず返信がきます。できない社長はメールの返信が遅い。忘れた頃にとんちんかんなメールが返ってくることもあります。

さらにひどい人だと返信がこないこともあります。たぶん考えているうちに時間が経ってしまい返信することを忘れちゃっているんでしょうね。

その④　肩書きに惑わされる社長

話をしていて鼻につくのが人を紹介するときに「彼は東大の○○学部を卒業しているんだよ」とか、「一流企業の、●●という会社で働いていたんだよ」と言う人です。こういう人と話をすると、だから何なんだと言いたくなります。東大を出ていようがなんだろうが、それは18歳のときに受験で合格したという話でしかありません。また一流企業にいた人とはどんな人かというと、一流企業の試験と面接を通過して、就職しただけの人です。それがどんなに素晴らしいことなのか、私にはまるでわかりません。

東大卒で保険会社に勤めていた人が独立しました。ある社長から力になって欲しいとその人を紹介されましたが、仕事ができない上にゲスな人間で、前職はセクハラで保険会社を退職したそうです。もちろん支援はお断りさせて頂きました。

人として重要なのは昔の肩書ではなくて、今現在その人がどんな知識や技術を持っていて、どんなことができるかです。過去どうだったかなんていうのは、まったく関係がない話なのです。

素晴らしい前歴を持った人だけを集めれば会社がうまくいくなら、会社経営は簡単です。

その⑤　細かいことが気にならない社長

知り合いの会社がセミナーを行うというのでサイトを見たところ、「損害賠償請求防止法」と書かれていました。損害賠償請求防止法という法律はないので社長に確認したところ「確かにそういう法律はありません。ここでの法は法律の法ではなく、方法の法のことです。そういう言い回しにいちいち目くじら立てる人なんていないですよ」という返事がきました。

またある社長には、「チラシの文字が違っていますよ」とメールすると、「読んでなんとなく意味がわかればいいんですよ」という返信が返ってきました。

社長というのは細かいことを気にせず大雑把なのがベスト。しかしこれは社内でのことであり、お客様に対しては細心の注意を払うべきなのです。もちろん人間なので間違いはあります。この本も例外ではありません(笑)。ただお客様の目に触れるものであるメール、サイト、チラシなどは細心の注意を払って作成すべきです。

ある成功した中古車店の社長が「中古車を売るために掃除は念入りに行います。特にダッシュボードの脇などに溜まる小さなホコリは綿棒や楊枝で丁寧に掃除するんです。小さなことですが、それだけでなんとなく車内全体が綺麗に見えるんです」と書かれた本を読んだことがあります。

神は細部に宿るという言葉があります。大切なことを枝葉末節と片づける社長、気にならない社長というのは、会社の経営もズボラです。たった一つの小さなことを見逃すことですべてが崩壊することもあるのです。

最近は日本語の使い方をよく知らない日本人が増えてきました。あなたがもし文章が苦手ならば第三者にチェックしてもらったほうがいいでしょう。恥ずかしいことではありません。人間には得手不得手があるのは当たり前です。

一番恥ずかしいのはお客様からバカにされることです。お客様はバカからものは買わないのです。

その⑥　正義が違う社長

「井上さんは口が達者だから議論は負けないですよね（笑）」とよく言われますが、そんなことはありません。勝ち負けは別として議論を止めてしまうことはよくあります。それは、自分は絶対に間違っていないと思い込んでいる社長、つまり正義が違う社長との議論です。

こういう人とはそもそも議論をしません。絶対に間違っていないと思い込んでいる社長は一歩も譲りませんから単に時間の無駄になります。

話せばわかるというのは相手が普通の人の場合です。今から百年以上前に書かれた名著『人を動かす』（デール・カーネギー著）には、「連続殺人犯でも自分がやったことを正当化する」と書かれています。

その⑦　子会社の社長

親会社のある子会社の社長との取引は注意が必要です。完全に独立採算制の子会社はいいのですが、赤字が親会社からの補填で運営されているような会社は、社長が決裁権を持っていません。決裁権を持っているのは、なぜか部下の取締役（本社から派遣されている人）だったりします。

損をしても親会社がお金を払ってくれるという意識からか、真剣にビジネスをやろうとはしません。いつも親会社のことだけを考えています。

こういう会社とは、たとえアライアンスを組んでもビジネスパートナーとしてきちんと仕事が行われるかどうかはわかりません。

子会社の社長は、社員のことも提携先のことも考えていません。親会社からの「戻ってきなさい」という言葉だけをひたすら待っているのです。

そしてある日「すみません、親会社に戻ることになったので、今までの話は一度リセットということで」と言うのです。次の社長への引き継ぎもきちんと行われないため、新しい子会社の社長にまた最初から同じ話をしなければなりません。

こういう会社と一緒に仕事をすると、あなたのビジネスはいつまで経っても前に進みません。普通の会社の社長のように自分で物事を決めることはしないのです。つまり子会社の社長というのは肩書ばかりで地方の営業所長のレベルと考えておいてください。

「こんなことを書いたら井上さんのビジネスに支障があるんじゃないですか」という意見も聞こえてきそうですが、なーに大丈夫です。子会社の社長は私の本なんか読みませんから（笑）。

その⑧　「基本的にいい人」と言われる社長

私は人を紹介してもらうときに「ところで、その人はいい人ですか」と聞くことが多いと言われたことがあります。言われてみれば確かにそういう覚えがあります。

私はビジネスを行う上で一番重要なのは、社長の人柄だと思っています。人としてダメな社長と商売を一緒にするのが嫌だということもありますし、人から嫌われるような人は将来、何かしらの大きな問題を起す可能性もあります。ただ社長というのはたいてい個性が強いため、悪口を言われる人は多いのですが、会ってみると意外にいい人だったりするので、噂はあまり信用していません。

一番困るのが「基本的にいい人ですよ」と紹介者から言われたときです。

私独自の考え方ですが、基本的にいい人というのは何も問題が起こらないかぎりいい人なんです。気さくで人当たりもよく、会話も楽しい人。しかし何か自分に問題が起こると突然、怒り出したり、ケツをまくって逃げてしまう人でもあるのです。

人を選り好みしていたら商売が成り立たなくなってしまう場合もあり悩ましいことなのですが、私は「基本的にいい人」と言われる人と仕事はしません。

その⑨　社員が言うことを聞かない会社の社長

ある会社から「当社のシステムをカスタマイズして販売したい。自社でも使いたい」という話がありました。社長は信頼できる人だったので、コストは当社が全額を負担し、システムを開発することにしました。

社長は社員を集めて何回も議論をかわしました。今までどおりやりたいと変革を嫌がる担当者とは、ときに怒鳴り合い、机を叩きながら議論しました。そして3カ月後システムは完成し、ようやくスタートにこぎつけました。

ところがスタートして数カ月経過しても一度も利用された形跡がありません。社長に聞くとそんなことはない。みんな納得して導入を決めたんだという答えです。私は先方の担当者に連絡しましたがいつも不在、返答もありません。

結局どうなったかというと社長から電話があり、システムの導入は行わないとのこと。社長は私に申し訳ないと謝ってくれました。しかし社長の言うことを聞かない社員が罰せられることはありませんでした。使わないからという理由で開発費も払ってもらえませんでした。

社員が社長をバカにしている会社というのは少なくありません。社長が社員を見るよりも、社員は社長のことをよく見ています。この人は仕事ができるかな、この人の言うことは正しいのか。そして社員はジャッジを下すのです「うちの社長はやっぱりバカだな」。こういう会社の場合、社員は社長の言うことを聞いたふりをするだけで指示には従いません。いろいろな言い訳をして逃れます。

社長も現場をよくわかっていないので、結局は社員の言うことを聞きます。社員は社長が怒ったとしても自分がクビにならないことを知っています。なぜなら自分がいなくなったら会社の仕事が回らないからです。社長もそれをよく知っています。

こういう会社と取引をすると痛い目にあいます。

社長がやると言っても社員がやるかどうかはわかりません。最終的にあなたがひとり相撲をとることになってしまいます。怖い社長、カリスマ性がある社長だからといって社員が言うことを聞くとはかぎりません。

私はアライアンスを組む場合、社員任せにせず、社長自身がある程度までやるという意志がない場合にはお断りするようにしています。

もし他社と協業するのであれば、相手の会社の社員が社長の言うことをちゃんと聞く会社なのかどうかをよく調べたほうがいいでしょう。社長が陰でバカにされているような会社だと、あなたがいくらがんばっても結局は徒労に終わってしまいます。

社長は５つのタイプに分かれる

社長の５つのタイプとは？

ホームページの制作会社の社長から「井上さん、ある居酒屋へホームページ制作の話で訪問したとき、お店の経営についてもアドバイスしてあげたんだけど、いきなり怒鳴られてビックリしたよ」というお話を聞きました。

よく聞いてみると、彼は知り合いからの紹介で居酒屋のホームページを作ることになったそうです。その居酒屋はお客様が減ってしまい、ホームページを立ち上げて売上を伸ばしたいとのことでした。早速、彼はその居酒屋へ打ち合わせに行きました。

居酒屋の前は雑然としており掃除もされていません。メニューもずっと昔に作ったものらしく、今どき誰も注文しないような料理ばかりです。

そこで彼は「ホームページを作成する前にまずメニューを見直すところからスタートし

ましょうよ」と言ったそうです。そのときに社長から雷が落ちたんだそうです。

私は「それは仕方ないですね。その社長は『国王タイプ』だと思いますよ。『国王タイプ』は自分の言ったことだけをやってくれる人が好きなんです。ホームページを俺が作れと言ったら作ればいいんだよ。アドバイスくれなんて言ってないよな。そういう人なんです」。

私のアドバイスを受けたホームページ制作会社の社長は、もう一度居酒屋へ出向き、居酒屋の社長が言うとおりにホームページだけを作りました。社長は笑顔でお金を支払ってくれたそうです。

会社を創業して30年。私はさまざまな社長と会ってきました。その中で感じたのは「どうも社長というのは5つのタイプに分けられるんじゃないかな」ということです。

5つのタイプとは「国王」「商人」「石像」「ピエロ」「愚者」の5つです。

会社同士の契約のときに、相手の社長がどんなタイプなのかわからずに交渉してしまうと、先ほどのようなことが起こることもあります。外国人ならともかく同じ日本人なんだから、多少の違いはあっても社長としての感覚は同じなのではと思うかもしれませんが、これは大きな間違いです。テレビでは毎日、犯罪者やトンデモナイ人たちが報道されていますよね。これが現実なんです。

あなたが気にならないことでも相手は気に入らなかったり、あなたが納得できないことでも相手にとっては問題なかったり、ということはいくらもあるのです。

社長の仕事は他の社長と良好な関係を作ること

大雑把に言えば、社員の仕事はお客様に販売したり社内の管理をしたりすることです。

では社長の仕事、社長しかできない仕事とは何でしょうか。

それは取引先の社長や有力なお客様と良好な関係を築くことです。関係が良好なら困ったときに助けてくれたり、お客様を紹介してくれたりします。たいして欲しいものではなくてもあなたの商品を買ってくれることもあるでしょう。これは社員にはできない社長だけの仕事、つまりあなたの仕事です。

この良好な関係を作るためには、先方の社長の性格をよく知らなければなりません。

では質問です。次の話を聞いてあなたはどう思いますか。

岐阜県のある税理士から「コピー機を買いたい、どこで買ったらいいかな」と相談を受けて、大手コピーメーカーの支店を紹介しました。そして1カ月後、その税理士と会ったときのお話です。

「実は井上さんから紹介された会社のコピー機を買ったんだけど、最初ちゃんと動かなくて、毎日何人も営業の人や技術の人がやってきて、1週間後にやっと動くようになったんだよ」

私はすみませんと謝りましたが、税理士は「いやいや、ここまできちんとやってくれる会社を紹介してもらってむしろ感謝しているんだよ。自分の売ったものに責任を感じて毎日きてくれる。こういう人たちなら信用できるよ」と喜んでいました。

この話をある社長にすると「何だよ。そもそも不良品じゃないか。俺だったら早く違うもの持ってこいよと言うけどね。その税理士おかしいんじゃないの」。

この話にオチはありません。どちらも正しいのです。前者の税理士は「信頼できる人を見つけた」という「人」への感謝であり、後者の社長はきちんとした「もの」を持ってこないことへの怒りです。ちなみに前者は「商人タイプ」で、後者は「国王タイプ」です。

「商人タイプ」の人がなぜコピー機が動かなくても怒らないかというと、「商人タイプ」は常に次のビジネスを考えているからです。だから信用できる人を何よりも大切だと考えています。信用できる人なら次に何か買ってもきちんとやってくれるだろう、自分の商売に役立つ人を紹介してくれるかもしれない、共同ビジネスなんていうのもできるかもしれないと考えます。

国王タイプ

「国王タイプ」の社長は文字どおり王様の感覚を持っています。

王様が国を治めるには民の声をよく聞かなければなりません。同様に「国王タイプ」の社長は人の話をよく聞きます。情報を仕入れてから行動に移します。

では、どう行動するかというと人に任せるのです。国王は自ら動くのではなく、やり方だけを決めて人にやらせるのです。お金は自分が指示したとおりに行動した人にだけ支払います。周りの人からそのくらい自分でやればいいのにと言われることもありますが、忙しいからという理由で絶対にやりません。自分がやらなければならないことは他にあると思っているからです。

そのため「国王タイプ」は人からの好意を理解できません。無償で他人が何か自分のために働いてくれることはないと思っています。先方に何らかのメリットがあるんだろうといつも懐疑的なため、好意で何かしてもらったときに感謝はしても恩を感じることはありません。

人づき合いもビジネスベースなので、短期的に商売にならない人と会うことはあまりありません。ゆえに長くつき合っている人はほとんどいません。

ある「国王タイプ」の社長から新規事業のアドバイスを求められたので、何をどうすればいいかを事細かに説明しました。その後、その社長は大成功を収めました。

後日、2人で呑みに行ったときのことです。「井上社長のおかげで売上は順調に伸びています。本当にありがとうございます」。

と言うので「それはよかったですね。おめでとうございます」と私が返答すると、その社長は「井上社長にも恩返しがしたいんですけど、何か作業をやってもらえませんか。井上社長にお金を払う理由が欲しいんですよ」。

「国王タイプ」の人は「自分が言ったことに動いた人、仕事した人」にしかお金は支払いません。つまり自分が指示したとおりのことをやった人にだけお金を払うのです。また、たとえボランティアで働いている人に対しても、自分の指示したとおりのことをしない人間には雷を落とします。

こう言うと「国王タイプ」は人としてダメなように聞こえてしまいますが、そうでもありません。

「国王タイプ」は人情派で人の失敗を大目に見てくれる人です。また親族を大切にする人でもあります。特に父親には大きな敬意を払っています。

「商人タイプ」の社長にとって、父親は反面教師でしかない存在ですが、「国王タイプ」の社長は父親を尊敬して、父親の言葉に感動したり、父親からの教えを守ります。ゆえにあなたがいくら魅力的な提案をし、社長自身もそのとおりだと感じても、父親の考え方に反するものについては否定されます。ゆえに「国王タイプ」の社長の前で親父さんを否定するような言葉はご法度です。

例えば「先代社長は自由気ままにやってきたからよかったかもしれませんが、2代目社長はその尻拭いをしなければならないから大変ですよね」。こんなことを言ったらたとえ正しいことであっても、すべてが破談になります。

商人タイプ

「商人タイプ」は「国王タイプ」の真逆の性格をしています。想像力があり変化を好みます。長期的な視点を持っているので、そのときはお金にならないような社長とも、いつか商売になるんじゃないかと気長につき合うため、友達が多いのも特徴です。

ただ自分に対しても人に対しても厳しい性格をしているので、ダメな社員なら容赦なく解雇してしまいます。約束事を重視しているので、親しい人にでも約束を守らなかったりすると容赦なく切り捨てます。

「国王タイプ」のように「彼にも事情があったんじゃないの」といった情けはかけない人

です。

冷たいイメージのある「商人タイプ」ですが、自分が損をすることでも約束は必ず守る人なので信頼はできます。そのため、大きな損を抱えたり、人の借金を肩代わりしたりしてしまう社長が多いように感じます。

人に任せるよりも自分でやってしまうタイプのため、会社がなかなか大きくなりませんが、会社が倒産するかもしれないような博打は打たない堅実派なので、取引先としては信頼できます。また抽象的な話ではなく具体的な話をするタイプなので、アドバイザーやコンサルタントとしても使える人です。

石像タイプ

「石像タイプ」の社長は人が集まるところが大好きです。社内にいることが好きではないので、何かと理由をつけて業界や地域の会合、博覧会やセミナー、視察旅行に行きます。社長の会にも積極的に参加し、自社のビジネスに繋がらないかをいつも模索していま

す。夜は地域や団体の飲み会が月に何回もあるので朝から晩までずっと忙しく働いていま
す。人からのアドバイスも真剣に聞くため多くの人から好かれます。

そんな多くの人から好かれる「石像タイプ」ですが、一つ問題があります。それはやら
ない、決めないということです。

昔、「石像タイプ」の社長とお話ししたときに自社ビルのトイレが和式なので洋式に変
えたいと言っていました。それから10年後にお会いしましたが、未だにトイレは和式のま
まだそうです。今どき会社のトイレが和式なんて聞いたことがありません。

社内でさえこんな感じですから、「石像タイプ」の人とはいくらおつき合いをしてもビ
ジネスになることはほとんどありません。「石像タイプ」の人には何も期待しないほうが
無難です。もしアライアンスを結べたとしても、パートナーとしては非常に不安です。

「石像タイプ」の人の約束というのは、そのときのインスピレーションですもの。約束
を守るかどうかはそのときの状況次第だと思っています。だから約束を破ってもまったく
気にしません。またお金を支払うことが嫌いなので、新しい事業に自社のお金を投資する

ことはありません。他社の事業に相乗りしたり社内のリソースを利用しようとします。

変化を嫌う「石像タイプ」の社長は、できない社員にとっては非常に居心地がいい会社です。事業が変わるのを嫌うように社員の変化も嫌います。仕事ができない社員でも解雇することはありません。

ピエロタイプ

多くの人から人気がありチヤホヤされるタイプの人です。人に取り入るのがうまいため、目上の人にかわいがられ、出資してもらったり、仕事をもらうことも多いのが特徴です。簡単に言うと、ちゃっかりしている人です。

誰かにお金を払ってもらい自分はタダでビジネスができないかをいつも考えています。目上の人からはかわいがられるのですが、年下や周りの人には冷酷な一面があるので、煙たがられることも多いようです。

いつもお願い事ばかりするので、最初は快くビジネスを手伝ってくれた人たちも段々と離れていってしまいます。

自分が幸せになることだけを考えているので、友達でもお金がなくなったらおしまい、用が済んだらお払い箱なので、長いつき合いの友達はあまりいません。

とはいえコミニュケーション能力が非常に高く、器用に立ち回ることが得意なので、軌道に乗ると大成するタイプでもあります。

愚者タイプ

昔からの知り合いで、会社を作って社長として成功したいという人が私のところにきました。

彼の経歴を聞いてみると中古車販売店で働いていたため車のことには詳しく、前職での知り合いも多いとのこと。ならばこういうのをやってみるかと提案したのが、低価格の中古車販売会社です。すべての車を19万８０００円で売る中古車販売店、名づけて「イチキュッパ自動車」。すると彼は「知り合いのツテで車の仕入れならオークションにも出せます」とのこと。成功への一筋の光が見えてきました。

「おおそうか。それなら社長をやってみないか。お金はもちろん、細かいことは私がやるから」

彼は車を仕入れ、私は事務所を借り、サイトやチラシも作りました。もちろん新聞折込みチラシもお店の近辺に出しました。そして開店当日、店に電話しましたが、なぜか電話は鳴りっぱなしです。仕方なく彼の携帯に電話すると、外で車を洗っていたので電話が聞こえませんでしたとのこと。何か嫌な予感がしてきました。

そして3カ月後、彼はいなくなりました。車も含めすべてを持っていなくなりました。

愚者は何をやってもうまくいかないタイプです。頭も悪く、やることはとんちんかん。お金を借りても返せない。いつか成功したら払えばいいやと考えていますから、あっけらかんとしています。

絶対に成功しないタイプなのですが、困ったことに人当たりがよく、情に厚い。つきまとわられると非常に厄介なタイプです。ただ見分け方は意外と簡単です。なぜか皆さん、スマホの電話番号がよく変わるのです。

相手のタイプによってやり方を変える

ある会社と共同事業をやることになったとします。社長同士が話し合い、ビジネスについても理解し合いました。そして最後に契約となります。

非常に重要な場面ですが、このときタイプによって契約の方法が異なります。単価と仕切りで決まるような簡単なビジネスならいいのですが、計算しにくい共同事業、例えばあなたが営業し、先方がバックヤードを担当するというような曖昧な場合、相手のタイプを知らないと痛い目にあいます。

「国王タイプ」と「商人タイプ」の社長が共同事業をすることになりました。利益の1000万円を分配する交渉です。さてどういうことが起こるでしょうか。

「国王タイプ」は「自分がいくら欲しいか」を考える社長です。一方、「商人タイプ」は「相手がいくらなら契約してくれるか」を考える社長です。「国王タイプ」は頭の中で、「まぁ500万円が妥当だな。でもできれば当社のほうが儲かるようにしたいな。よしまず600万円と言ってみよう」となります。

国王タイプ「当社が600万円、貴社が400万円でどうでしょうか」
商人タイプ「600万円ですか。んーわかりました」

「国王タイプ」は、「おっ600万円でOKか。なら700万円というべきだったな」と思います。「商人タイプ」は、「仕事量としては半々なので500万円と言ってくると思っていたけど、600万円と言うくらいなんだから相当がんばってやるつもりなんだな」と思います。

そして1年後。どうなるかというと、

商人タイプ「貴社が600万円、こちらが400万円なんだから相当がんばると思っていたのに全然やる気がないじゃないですか」
国王タイプ「400万円でOKと言ったのはそっちじゃないか。今更何言ってるんだ」

となります。どちらも言っていることは正しいのです。相手のタイプを知らないと双方にとって不幸なことが起こるのです。

これは「商人タイプ」と「国王タイプ」のお話ですが、「石像タイプ」の場合にはどうなるかというと「そちらで全部やってください。うちはユーザーに案内するだけで何もしないけどお金はくださ い」となります。

前述したとおり「石像タイプ」はお金を支払ったり、自社で何か行動するということはしないタイプです。

ただ「石像タイプ」の社長はお金持ちが多いので、それを目当てにさまざまな共同事業の話が各社から持ちかけられます。とはいえ何もしないでお金が入ってくる共同事業しかやらないので、なかなかコラボレーションは難しい人です。

今までお話しした5つのタイプですが、愚者以外はどのタイプがいいとか、悪いとかというお話ではありません。ようは、どうおつき合いするかどうかです。

「石像タイプ」は変化を嫌い、今までどおりにやることが得意です。だから品質が安定していますし、ビジネスで博打を打たないので外注先としては信頼できます。「商人タイプ」とは約束をきちんと守ればさまざまな支援をしてくれるでしょう。「国王タイプ」は契約どおりのことをきちんとやってくれます。

商売は臨機応変です。喧嘩するのは得ではありません。変な意味ではなくて取引先の社長たちとうまくつき合うことで、双方にとってメリットがある仕事ができるのです。

おまけの話

社長のタイプを国王、商人、石像、ピエロ、愚者の5つに分けてみました。少数なので書きませんでしたが、実はもう一つタイプがあります。それは「盗賊」です。数百人にひとりしかいないレアなタイプです。

税理士とともにある会社へ行きました。扉を開けた途端、社長が怒鳴りました。「お前、今頃なにしにきやがった。この野郎」。私はビックリして税理士の方を見ましたが、動じることなく平然としています。

会社を出た後、税理士は「井上さん、ビックリさせてごめん。俺もはじめてここにきたときは自分が何か失敗したのかと思った。あの社長が怒鳴るのはパフォーマンスなんだよ。自分の周りの人すべてを恐怖でコントロールしようとしているんだ。社員へのセクハラ、パワハラは当たり前、失敗したら給与から天引、有給休暇なんて取ったら大変なことになる」と教えてくれました。

こういう盗賊タイプの社長は私も数人しか知りませんが、ある社長は、自分が気に入らない社員に真夏コンビニへ餅を買いに行かせて、買ってこれなかったので激しい肘打ちをしました。会社に行くといつも社員の何人かは泣いています。取引先や元社員とは年がら年中裁判をしています。

またある社長は毎週土曜日の朝6時から社内ミーティングをしています。「なぜ、そんなに朝早くからミーティングをするんですか」と聞くと、社長は「自宅が遠い奴だと朝4時半の始発に乗ってくる社員もいる。井上くん、これは踏み絵なんだよ。俺が決めたことを忠実に守るかどうか」。

盗賊タイプは社員も取引先もすべて敵。商品はすべてインチキ。裁判で負けてもお金は払わない。何があってもつき合ってはいけません。見分け方は簡単。業界の人に聞けばすぐにわかります。「あの人はね……」。

第7章

会社や事業を広げるには

新規事業の作り方

今までたくさんの新規事業を立ち上げてきました。とはいえお金を持って逃げられた、商品を全部売っぱらわれてドロンされたといった「人」の失敗はいくつもあります（笑）。ただ言い訳っぽいですが、事業自身での失敗はあまりありません。新規事業のノウハウというと口幅ったいのですが、何かの参考になれば幸いです。

新規事業は空想からスタートする

あなたもテレビでスポーツを見ていて、ふとこんな展開になったらおもしろいなと思うことがあると思います。

今は巨人が首位だけど突然、最下位のチームが連勝して優勝争いになったらおもしろいな。一打逆転の場面で、誰も期待していないレジェンドな40代の選手がホームランを打ったらというような空想です。

では、もっと空想を膨らませてみましょう。野球の試合なのに選手交代はサッカー選手にしか認めないなんていうルールになったらどうなるんだろう。こういったありえない妄想でもいいのです。

新規事業も同じです。堅苦しく考えることはありません。自由な発想で気軽に考えればいいのです。

ここで勘違いしないで欲しいのは、「こうなったらいいな」ではなく、「こうなったらおもしろいな」「こんなふうになったら笑えるな」というちょっとぶっとんだ空想です。

なぜ、「こうなったらいいな」という発想がダメなのかというと、こうなったらいいなというのは問題解決、つまりソリューションだからです。ソリューションというのは誰でも考えつきますから、他社もすぐに追随してくることでしょう。

それより何より自分自身がつまらなくないですか。ソリューションって。私はソリューションという言葉は夢がなくて嫌いです。

新規事業の条件

新規事業を行う前に自問自答して頂きたいことがあります。それは「自分自身でおもしろいかどうか」です。

おもしろくないものは、周りより先にまず自分が飽きてしまいます。おもしろいけど何か飽きそうだなと思ったら、そのビジネスはやるべきではありません。社長自身が飽きてしまい終わってしまうビジネスというのは、世の中には意外と多いものです。

新規ビジネスというと本業の傍らにやるものとか短期的に儲けて終わりにするビジネスだと勘違いしている人がいますが、それはまったく違います。新規ビジネスというのは、これから10年20年も継続してやっていく会社の柱になるかもしれないビジネスです。さらに言えば、今の本業を捨てるためのステップなのかもしれません。

言うまでもなく私の会社では、私がおもしろいと思ったものしかやりません。性格が悪いせいか、私がおもしろいと思う事業は、のほほんと商売している会社や既得権益を持った会社が嫌がるようなものばかりです。

「なんでこういう商品を出すかな」と本気で怒られたこともあります（笑）。私にとっては、お金にはなるかもしれなくても、今までの延長線上のものや普通のものなんて作ったっておもしろくも何ともないのです。

一生無料の経理ソフトや給与ソフトを出したときには、ソフト業界の皆さんから「勘弁してよー」と多くの喜びの声（笑）を頂きました。

話が脱線しました。私が言いたいことは、自分がずっとやれないようなもの、おもしろくないと感じるものは、たとえ儲かりそうな商売でも、新規ビジネスからは外したほうがいいということです。社長自身が長続きしないビジネスは、社員にとってもお客様にとっても迷惑なだけです。

興味のないものこそアイデアの宝庫

新しいビジネスを探すためにネットで情報を検索している人がいますが、この方法では新規事業のヒントは見つからないと思います。

ネットというのは検索しないと何も出てこないという欠点があります。だからあなたの頭の中にあるキーワードでいくら検索しても、自分が知っているものや興味のあるものしか表示されません。


実はあなたがまったく知らないものや興味がないものに、新規事業のヒントやアイデアが埋まっているのです。

偶然、目に飛び込んでくるようなもの、たまたま聞いた話などにビジネスのヒントが隠されている場合が多いのです。私は今どんなチラシ広告が新聞に封入されているのかを知るためだけに最近まで新聞をとっていました。

フリーペーパーや地域のミニコミ紙、図書館でタイトルに惹かれた専門外の本にも何か気づきがあるかもしれません。また外に出て商店街や東急ハンズやロフトの専門コーナーなどをうろちょろすると、何かヒントが隠れていそうです。

素晴らしいアイデアというのはあなたの頭の外にあるのです。だからいくら考えても同じようなアイデアしか出てこないのです。

やってみなければわからない

新規事業だから、綿密な計画を立てなければという慎重な社長もいると思いますが、そんなに堅苦しく考えず、とりあえずやってみたらどうでしょうか。とりあえずやるなんてお気軽に聞こえるかもしれませんが、適当にやるという意味ではありません。

スタートは気軽でも、やると決めたら手を抜くことなく全力を尽くして、あなた自身がテストマーケティングを行うのです。社員に任せてはなりません。新規ビジネスという非常に重要なプロジェクトを任せられるような社員は中小企業にはいません。

まずは地域を限定してやってみましょう。そして試行錯誤です。ホームページを作ったら問い合わせがきた、ネット広告を出してみたら考えてもいなかった問い合わせがきた、店の前でチラシを配ったらアドバイスをもらった、こういったものをすべて情報として管理して徐々にビジネスを修正していくのです。

ここで問題なのは、どんなものを売っても少しは売れてしまうことです。その少しが今後ビジネスとして存続できる「少し」なのか、その「少し」で終わりなのか。それはあなた自身が決めることです。

広告も手を抜いてはいけません。もちろんお金も投資してください。新規ビジネスのテストマーケティングをすることは、お金にしても、サイトにしても、お店に対しても全力を尽くすということです。本番と同様の真剣さでやらなければテストになりません。

他人に任せるな！　自分でやれ！

あるダメ社長と共同で新規ビジネスをしようとしたときのお話です。

まずはマーケットの反応を見るために、テスト的に３００件だけダイレクトメールを出すことになりました。彼がデータを集めてタックシールを印刷する係、私がチラシを作成、封入しダイレクトメールを出す係です。しかしいつまで経っても社長から住所の印刷されたタックシールが送られてきません。そこで私はその社長に「早くダイレクトメールを出したいので早く送って頂けますか」と電話をしました。するとその社長は「すみません、今業者にやらせてるので確認してみます」とのことでした。

私は「タックシールの印刷なんて自分でやっちゃえばいいじゃないですか。300件なら10分で終わりますよ」と言うと、「こういう作業は社長がやるようなことではないと思って」と少しムッとしたご様子です。私は「そうですか。今回のチラシの三つ折りと封入は自分でやるつもりなんですが」とお答えしました。

うまくいくかどうかわからないような事業に、自社の社員を使うわけにはいきません。彼らには当社の製品を売るという重大な使命があります。

私はテスト的に何かやる場合には、必ずすべてを自分でやります。サイトの文言も、チラシの内容も、全部自分で作ります。サイトも最近まではずっと自分で作っていました。

世の中には面倒くさいことを何でもお金を使って他人にやらせる人がいます。確かに時間短縮にはなるのですが、事業についての知識を吸収することができません。チラシを作っているうちに、こう書いたほうがいいなという気づきもありますし、どんなダイレクトメールを出したら開封率が高いのかもわかります。

また、むしろ違う業種のほうに需要があるかもしれないとか、ユーザーの声なんていうものも作ったほうがいいかもしれないということも、チラシの封入中にふと思いつくのです。

すべて自分でやったからこそわかることもあるのです。人にやらせてしまうと、こうしたことに気づかないまま終わってしまうこともあります。

ビジネスは薬と同じ。適量を飲まなければ効果はない

久しく会っていなかったある社長に偶然、道で会いました。前回お会いしたときに新規事業のことを熱く語っていたので、「あのときにお話されていた新規事業はどうなりましたか。結構いいと思ったんですけど」とお聞きしました。すると「まだやってるけど全然、ダメだね。サイト作って、広告も出してみたけど問い合わせより、営業電話のほうが多いくらいだよ（笑）」とのこと。

会社に戻りサイトを見てみました。サイトは3ページだけで、デザインは素人が作ったとしか思えません。しかも何が言いたいのかもよくわからない文章が、だらだらと書かれていました。早速、その社長にそのことを告げると「そうなの？　全部社員にやらせたの

でよくわからない。まぁテストマーケティングだったからお金はあまりかけなかった。俺は結果を知りたいだけだし」。

私は新規ビジネスを行う場合、たとえテストマーケティングでも、会社を経営したことのない社員にこういう重要な仕事を任せることは絶対にありません。どんなに時間がなくても、文章を作るのが苦手であっても、経営のプロ、つまりあなた自身が全部自分でやるべきなのです。

お金にしてもそれなりのコストを覚悟しなければなりません。テストマーケティングだからお金をケチるのは間違っています。

なぜならテストマーケティングをする目的というのは、「会社全体が動いて多額のお金を投入したときに相応の収益を上げられるかどうか」を調べるためなのです。だから一切の手抜きは許されません。

ビジネスは薬と同じ。適量を飲まなければ意味がないのです。テストマーケティングだからすべて社員任せ、お金は少しだけというのでは効果も結果も何も得られないのです。

ある日、このテストマーケティングを目にした大手企業がやってきて、あなたが掘り起こしたこのビジネスを全部持っていってしまうかもしれません。

自分がどっちのタイプかを知る

昔からつき合っている、ある社長は何か新しいことを考えては、新規ビジネスを立ち上げます。しかしいつも失敗してしまいます。新たな出会いがあるとアイデアが浮かび、新規ビジネスを立ち上げます。やはり、また失敗します。いくら失敗しても自覚症状がない人は、何回も何回もずっと失敗を繰り返すのです。

社長には向き不向きがあって「ゼロからビジネスを立ち上げるのが得意な社長」と「ビジネスを拡大させるのが得意な社長」に分かれているようです。私はもちろん「ゼロからビジネスを立ち上げるのが得意な社長」です。

「ゼロからビジネスを立ち上げるのが得意な社長」というとすごそうに聞こえますが、大きな欠点があるのです。それはビジネスを拡大させるのが苦手ということです。

もしあなたが新しいことにチャレンジして失敗を繰り返しているならば、ビジネスを作るのは人に任せて、自分は拡大させることに専念してはいかがでしょうか。
また新規ビジネスを立ち上げるのが得意ならば、途中で誰かに会社経営を任せてしまうという方法はどうでしょうか。

最後に身も蓋もない話ですが、何も取り柄のない社長という人もいます。まぁその場合は、社長という役職から離れたほうが身のためですね。

株式公開を目指す人へ

私が株式公開しない理由

会社を経営する人たちなら、誰もが一度は目指すのが株式公開です。創業者であればキャピタルゲインもありますし、周りの会社からも一目置かれる存在になるでしょう。何より社長の目標としては一番明確です。このようにいいことばかりのように聞こえる株式公開ですが、それを維持することはなかなか難しいのです。私の周りでも、株式公開をした後に苦しんでいる社長がたくさんいます。

ある創業社長は起業して20年ほどで株式公開を果たしました。高級なホテルで今までお世話になったお客様や関係者をお呼びして、盛大なパーティも開きました。創業してからずっと苦労してきた社長は感動で少し涙ぐんでいます。本社を名古屋から東京品川の新しいビル群の中に構え「ここからがスタートです」と意気込んでいました。

そして彼の快進撃がはじまりました！

……と書きたいところなんですが、その後この会社は株式公開時の年商数十億円から徐々に売上が減っていき、ついに売上は半分以下になってしまいました。株式公開後マジョリティを失った彼は株主から会社を追い出され、今は細々と零細企業を営んでいます。

株式公開は毎年、どれだけ売上や利益を伸ばせるかが勝負になっていきます。１年間という非常に短いスパンで周りから評価されるわけです。いくら素晴らしいことを言っても、決算書だけで会社が評価されます。株式公開後はベンチャーキャピタルからの後押しもありません。完全に会社自身の力で戦っていかなければならないのです。

蛇足ですが、「井上さんの会社もそろそろ株式公開されたらどうですか」と多くの人に言われます。おかげさまで売上も利益もずっと右肩上がりです。ただ私には無理なんです。

私の得意とする経営手法は未来から逆算し、長期的な視点で斬新な新製品を生み出していくことです。公開企業のように1年で結果を出せと言われても、正直言って自信がありません。私が株式公開しない理由はこの辺にあります。

株式公開するかどうかは、次の世代の人たちに任せたいと思います。

株式公開後はルールが変わる

最近は起業家セミナーや社長向け講演会などからお声がかかることが多くなりました。先日、ある社長から「将来、株式公開したいんですけど、どうしたらいいでしょうか」という質問がきました。

実は、ベンチャー企業にとって会社を経営することと株式公開を目指すことは、やることがまったく違うのです。真逆と言ってもいいかもしれません。

会社経営の目標は「利益を出すこと」、

株式公開の目標は「売上を上げること」です。

会社を経営する場合、利益を出さないとそもそも会社は倒産してしまいますし、銀行からお金を借りることもできません。だから無駄な経費を削減して、人もなるべく雇わずに売上を伸ばして利益を出さなければなりません。

一方、株式公開を目指す場合は、損してもいいから売上を『毎月』どんどん伸ばしていくことが重要になります。

したがって、とにかく広告宣伝費をかけて、人を大量に雇うことが求められます。そうでないと上場はおろかベンチャーキャピタルからも見放されてしまうからです。

だからたとえ赤字でも「ユーザーが増えた、大手と提携した、企業価値は何百億円」という派手な宣伝を行うのです。

あるクラウド会計システム会社では、アフィリエイターたちに1アカウント作ると1000円あげますという作戦を考えました。

アフィリエイターたちは無料のメールアドレスを大量に取得し、会計システムへ登録を行いました。1アカウント作るだけで1000円もらえるというのは、彼らにとって願ってもない話です。ある人は1カ月で1000アカウント登録し、100万円を手にしたそうです。

その会計システムメーカーはユーザーが急激に増えたことでベンチャーキャピタルからさらにお金を引き出しました。実際には使われないアカウントなので大赤字です。しかしそれでいいのです。

メディアに取り上げられるようにお金を湯水のように使い、派手な宣伝をやり続ける。とにかく売上を上げる。これが株式公開を目指すということです。もちろん上場できなければ自己破産です。期限は最大10年（本当はもっと短いですが）です。

このように会社経営と株式公開は、真逆の関係にあります。会社経営の延長線上に株式公開はありません。どちらを選ぶかはあなた次第です。

なお、首尾よく上場したとしても、その後に大変な仕事が待っています。株式公開した後に、ルールが変わるからです。

売上と利益というごく普通のことをマーケットから求められるのです。今までそんなことはどうでもいいと考えていたルール、普通の会社経営のルールに引き戻されるのです。これを乗り切ることができないと、株式公開しても後がありません。

おわりに

昔、『包丁人味平』という漫画がありました。主人公の塩見味平はその漫画の中で「誰もが食べられる安くておいしい料理」を作ることが目的で料理人になったと語っています。

さて、あなたは何の目的で社長をやっていますか？

はじめて会う社長とお話をするとき、私は最後にいつも「それで最終的にどうしたいんですか」「何の目的で社長をやっているんですか」と聞いています。

どんな社長でも起業当初はお金に追われて馬車馬のように走ってきたんだと思います。お金のことばかり心配していて、将来どうするかなんて考えてもいないでしょう。明日どうするか。私もそんなことばかり考えていました。

そして会社に少しずつお金が入ってきてある程度安定したときにふと思ったのです。

「俺は何のために仕事をしているのか」

会社というより社長自身の生き方として考えなければならないのは、「何のために会社をやっているのか」「最終的にどうしたいのか」ということです。

前職の先輩から経営計画のソフトを作ってくれと言われ、ソフトの仕様をまとめて持っていったことがあります。我ながらよくできたものだったので、先輩に胸を張って提出しました。

ソフトの仕様を読み終えた先輩は私にこう言いました。

「井上のソフトは会社を大きくし、会社の目標を達成するための経営計画なんだよ。そうじゃないんだ。社長っていうのは、会社なんかどうでもいいんだよ、自分自身にいくら金が入ってくるかなんだよ。社長っていうのはみんな自分の金のことしか考えてないんだよ」

この言葉を聞いた私は「それではこのソフトを作る気にならないので、他の人に頼んでください」と言ってお断りしました。

後日談ですが、この先輩は売掛金を回収できなかった社員の給料から、回収できなかった金額を少しずつ天引きしているそうです。とにかく自分のお金のことしか頭にない。こんな人のためにソフトを作らなくてよかったと心から思っています。

こういう金の亡者は別としても、成り行きで会社経営をしている人はとても多い気がします。売上が多いほうがいい、お金が多いほうがいい。会社経営をしているのですから、これはもちろんそのとおりでしょう。

でも、そこにもう一つプラスして欲しいのです。

「自分はどんな人間になりたいのか」

どういうことでもいいのです。急ぐ話ではありません。ただいつの日か、最終的に自分はどうしたいのか、自分はどうなりたいのか、どんな人間になりたいのかということを考えておくべきだと思います。そうでなければ社長になった意味がないのです。もっと言えば生まれてきた意味がないのです。

今は苦しくて辛くて毎日眠れない社長もいるでしょう。

しかし、「自分はどんな人間になりたいか」をいつも頭の片隅において会社を経営していけば、必ずあなたのファンが現れます。その人たちは皆、あなたが成功することの手助けをしたいと思っています。

会社経営はマラソンです。真剣に愚直に会社を経営していけば、いつしかあなたの周りにはたくさんのファン、支援者が一緒に走ってくれているはずです。あなたが成功のゴールにたどり着くつくことを心から願っています。

井上 達也

■著者略歴
井上　達也（いのうえ　たつや）
株式会社フリーウェイジャパン代表取締役。
1961年生まれ。大学在学中の1981年からマイコン（現在のパソコン）を使いこなしプログラミングを行う。その技術力を買われ株式会社日本デジタル研究所（JDL）に入社。同社を退社後は国内最高のシステム開発を目指し、1991年に株式会社フリーウェイジャパンを起業し現在に至る。無料で使える経理、給与計算、勤怠管理、販売管理、顧客管理を次々にリリースしユーザー数は36万社を超える（2021年3月現在）。
30年間の会社経営から多くのことを学び経営者向けに『小さな会社の戦い方』『起業を考えたら必ず読む本』（共に明日香出版社）などの著書多数。

本書の内容に関するお問い合わせは弊社HPからお願いいたします。

会社《かいしゃ》を伸《の》ばす社長《しゃちょう》の心得《こころえ》と法則《ほうそく》

2021年　3月　22日　初版発行

著　者　井《いの》上《うえ》達《たつ》也《や》
発行者　石野栄一

明日香出版社
〒112-0005 東京都文京区水道2-11-5
電話（03）5395-7650（代表）
（03）5395-7654（FAX）
郵便振替 00150-6-183481
https://www.asuka-g.co.jp

■スタッフ■　BP事業部　久松圭祐／藤田知子／藤本さやか／田中裕也／朝倉優梨奈／竹中初音
BS事業部　渡辺久夫／奥本達哉／横尾一樹／関山美保子

印刷　株式会社文昇堂
製本　根本製本株式会社
ISBN 978-4-7569-2134-5 C0034

編集担当　久松圭祐

ISBN978-4-7569-1460-6

小さな会社の社長の戦い方

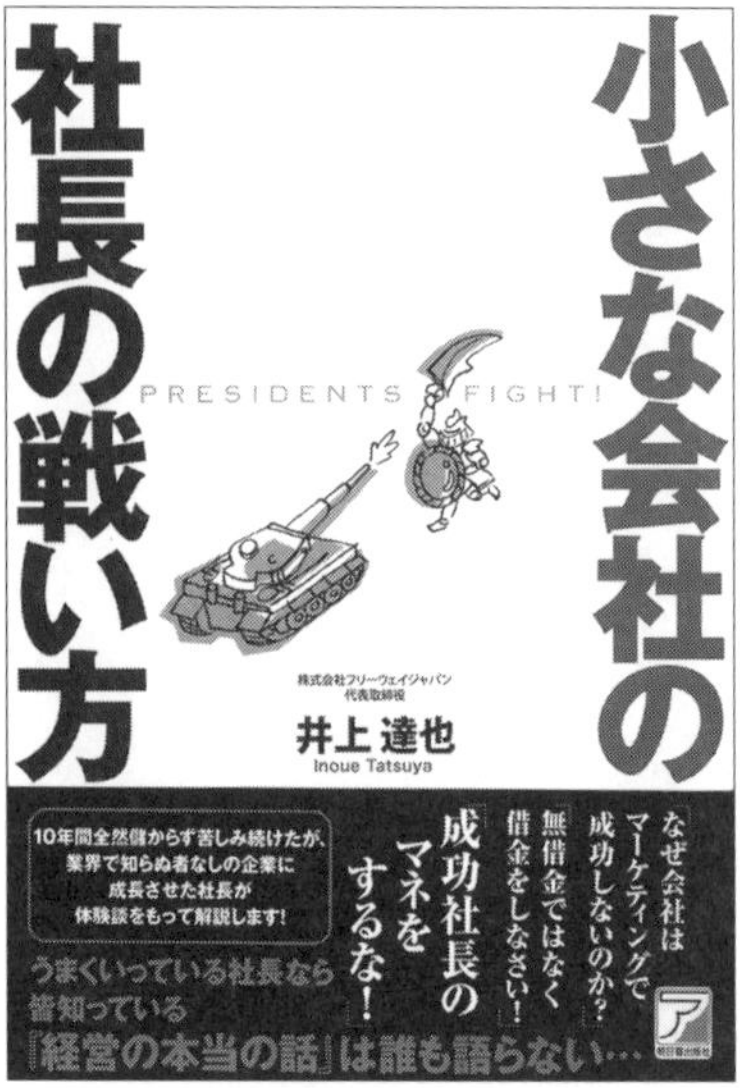

井上　達也著

B６判　240ページ

本体 1500円＋税

中小企業と大企業では、儲けの構造が異なります。ゼロから起業し、顧客を増やし急成長させた社長が、中小企業がとるべき経営手法やマーケティング手法を教えます。